KB267318

열 살 무렵, 피아노 앞에 앉은 백건우

미국 뉴욕 카네기 리사이틀홀에서 열린 드미트리 미트로풀로스 콩쿠르에서 연주하는 15세 백건우. 이 무대에서 지휘자 레너드 번스타인의 눈에 띄어 미국으로 도미, 본격적인 피아노 유학을 시작했다.

백건우, 베토벤의 침묵을 듣다

김재철 지음

열아홉

차례

"베토벤은 들리지 않았던 것이 아니라…
너무 많은 소리가 그의 안에서
들리고 있었을 거예요."

일러두기

- 본문에 인용된 발언과 서술은 당시 여행 중 나눈 대화와 저자의 기억을 바탕으로 재
  구성한 것입니다.
- 〈덧붙이는 말〉은 한 예술가의 음악관과 인간관을 사유한 기록으로, 인터뷰 형식을
  빌렸음을 알립니다.

프롤로그

건반 위의 철학자 백건우와 함께한
4박 5일

2025년 8월의 끝자락, 파리 북역 플랫폼에 늦은 여름의 빛이 깃들어 있었다. 유럽의 중심을 잇는 수많은 사람 사이에서, 한 남자가 빠르면서도 느긋한 걸음으로 내게 다가왔다. 세계의 무대에서 수십 년을 살아온 예술가의 여유가 묻어나면서, 동시에 여전히 소년 같은 호기심을 잃지 않은 여행자의 걸음이었다.

그는 피아니스트 백건우였다.

우리는 파리에서 영국으로 가기로 한 여정대로 4박 5일의 여행을 시작했다. 머지않아 베토벤이 떠난 지 200년이

되는 해가 다가온다는 사실이 우리를 더욱 특별한 시간으로
이끌었다.
이 여행은 단순한 문화 탐방이나 음악적 휴식이 아니었다.
그것은 한 시대를 대표하는 예술가와 함께한, 베토벤을 향한
순례에 가까운 '사유의 시간'이었다.

바쓰Bath의 로마 시대 유적지 앞에서, 우리는 2천 년 전
사람들의 숨결을 느꼈다. 강변 카페에 앉아 그곳의 고요한
물결을 바라보며 백 선배는 이런 말을 내게 던졌다.
"베토벤이 만약 이곳까지 왔다면, 그의 음악에서도 물의
질감이 조금 달라졌을지도 몰라요."
그 한마디는 음악을 단순한 '작품'으로만 보지 않는 그의
세계를 다시금 느끼게 해주었다. 그에게 음악은 삶이고,
삶은 늘 새로운 길을 찾아가는 구도자의 여정이었다.

웨일즈의 카디프Cardiff 성 안에 들어섰을 때는 여름이
지나가는 듯한 바람이 유난히 세게 불었다. 성 안쪽의 탑
위로 날아가는 새들을 바라보던 그는,

"베토벤의 '현악 사중주'에는 이런 바람 소리가 숨어 있어요.
대부분은 놓치지만."이라고 말했다.
그 순간 나는 깨달았다. 그에게 베토벤은 200년 전의 인
물이 아니라, 지금도 말을 걸어오는 '동시대의 친구' 같은
존재라는 것을.

이 책은 그 여행에서 비롯되었다. 열차 안에서, 강가의
벤치에서, 바쓰의 그 좁은 골목길 안에서, 카디프의
성벽에서, 진정한 고요가 남아있는 오랜 성당 밖에서 우리가
주고받았던 말들, 그가 보여준 순간적인 표정들,
베토벤을 이야기할 때 그의 눈에 깃들던 빛을 그대로
기억하기 위해 적어 내려간 기록이다.

2027년 3월 26일, 베토벤이 세상을 떠난 지 정확히
200년이 되는 해를 앞두고 우리는 다시 묻는다.
베토벤은 왜 지금도 여전히 우리에게 가장 뜨겁고, 가장
인간적이며, 가장 진실한 음악가인지. 그리고 우리의
백건우는 왜 평생을 베토벤과 함께 걷고 있는지를.

이 책은 그 질문에 다가가기 위한 첫 번째 발걸음이다. 파리 북역에서 시작해 바쓰의 돌길을 거쳐, 웨일즈 바람 위에 머물다 돌아온 단 4박 5일의 시간이 인생의 어떤 순간보다 길고 깊은 사유의 순간으로 영원히 남았음을 기록하기 위한 서문이기도 하다.

건반 위에서 사유하는 철학자 백건우, 그와 함께 나눈 이 여정이 독자들에게도 음악을 넘어, 삶을 다시 듣고 만져보는 시간이 되었으면 한다.

1장

파리 북역의 아침

여행이 시작되다

2025년 8월 말, 파리 북역Gare du Nord은 여름의 끝을 알리는 밝은 빛으로 가득했다. 안개 낀 런던을 연상했는데 아쉽게도 태양의 빛이었다.

약속보다 30분 일찍 온 터라 플랫폼 광장으로 미리 가 봤다. 런던에서 막 고속열차가 들어오자, 플랫폼 위 광장은 거대한 숨을 들이쉬고 다시 내쉬는 것 같았다.

시계를 보면서 정문 맞은편 노천까페에 앉아 백 선배에게 전화하려는데 특유의 빠른 걸음으로 백 선배가 모습을 드러냈다. 늘 그렇듯 군더더기 없는 몸짓, 그리고 사색이 어린 얼굴이었다.

우리는 서로의 모습을 위아래로 한번 훑어보면서 가볍게 포옹했다.

"자, 출발해 볼까요?"

호기심 많은 어린아이처럼 그는 말했고, "또 탐험을 시작해 볼까요?"하고 나는 답했다.

내가 본 백 선배는 '준비된 우연'을 사랑하는 사람이고, 나
역시 언제나 우연을 사랑하는 탐험가가 되길 바라는
인간이었다.

우리가 탈 열차는 런던으로 향하는 유로스타Eurostar였다.
차에 오르자마자 백 선배는 창밖을 바라보며 멀어지는
파리의 모습을 즐기는 듯했다. 그 모습은 마치 한 음표가
다음 음표로 넘어가기 전, 숨을 고르는 순간 같았다.
잠시 후, 나는 지나가는 이야기처럼 질문했다.

"백 선배, 베토벤이 세상을 떠난 지 200년이 되어 가는데…
백 선배에게 베토벤은 어떤 존재인가요?"
백 선배는 마치 물어주기를 기다렸던 것처럼 대답했다.
"베토벤은… 늘 먼저 걸어가 있는 사람입니다. 나는 뒤에서
천천히 따라가며 그가 남긴 발자국을 만져보는 느낌이에요."

그 짧은 대답이 이 여행의 성격을 단숨에 결정해 버렸다.
우리는 단순히 런던과 바쓰, 그리고 카디프를 둘러보는 것이

아니라, 베토벤의 흔적을 따라 '사유의 지도' 위를 걷는
것이었다.
출발한 지 30분 정도 지났을까. 어둠이었다. 해저터널에
들어선 것이다. 그리고 이 어둠에서 저 건너편으로 나오면
우리는 새로운 도시와 새로운 생각을 마주하게 된다.
이 여행은 그렇게, 한 빛에서 또 다른 빛으로 넘어가는
음악처럼 시작되었다.

기차가 어둠의 터널을 빠져나오자, 영국 특유의 목가적인
풍경이 다가왔다. 백 선배가 "산이 높고 골이 깊은 한국의
산하가 더 좋죠..."하면서 다소 느리게 말을 이었다.
"베토벤은 늘 공간을 움직이는 음악을 만들어요. 고정된
자리에 머무는 것이 아니라 앞으로 걸어가고, 넘어지고,
다시 일어나면서 움직이는 음악. 내가 여행을 좋아하는
이유도 비슷해요. 음악과 여행은... 움직임의 예술이니까."

창밖으로 물결이 일렁이고 있었다.
"그런데 백 선배는 왜 그렇게 자주, 또 깊이 베토벤을

연주해요?”

백 선배는 약간 부끄러워하는 모습으로 고개를 숙이며 말을 이었다.

“글쎄요… 베토벤은 마치 내 삶의 한 페이지에 이미 오래전에 새겨져 버린 사람 같아요. 나는 그에게서 늘 질문을 받습니다.

‘백건우, 너는 지금 어디까지 와 있느냐?’하고.”

열차가 유로스타의 종착역인 세인트 판크라스St. Pancras로 들어서는 순간 그는 속삭이듯 말했다.

“베토벤이 만약 지금 살아있고, 런던으로 여행 왔으면 분명 이 창밖의 풍경을 음악으로 그렸을 거예요. 그는 늘 세상을 듣고 세상을 ‘음악으로 번역’하던 사람이니까. 그런데 베토벤은 가난해서 기차 타고 올 돈이 없어서, 오직 고향인 조국 독일과 오스트리아에만 갇혀 지냈어요.”

그 말을 듣는 순간 나는 갑자기 위대한 악성 베토벤이 더 그리워졌다.

WAHACA
WAHACA
MOLESKINE
E & THE JUICE

EST. 1873
ST PANCRA
RENAISSANCE® HOTEL
LONDON

2장

바쓰로 가는 기차

절망에서 태어난 음악,
그리고 한 장의 유서

DOMINE
Paddin

VIRTUTE·ET·INDUSTRIA
n Station

XII
XI
I
X
II
PADDINGTON
STATION
IX
III
VIII
LONDON
854
IV
VII
V
VI

런던 세인트 판크라스 역에서 택시로 20분 거리에 있는
패딩턴역에서 바쓰로 가는 기차에 올랐다. 기차와 택시,
지하철로 이동하는 4박 5일이다. 렌터카도 없다. 걸으면서
쉬고 또 걷고 먹고, 되도록 걷기로 했다.

월요일 낮 열차는 한적하다. 패딩턴에서 카디프까지 2시간
30분. 그 중간에 바쓰가 있다. 창밖으로 영국 특유의
목가적인 풍경이 흐르고 다소 삐걱거리는 좌석마다 졸음이
오는 듯 하품을 하는 사람도 보인다.

백 선배가 창밖으로 흘러내리는 이슬비를 보면서 베토벤
이야기를 또 꺼내 들었다.
"이번엔 베토벤이 절망했던 순간에 관해 이야기해 볼까요."
나는 말없이 고개만 끄덕였다. 그의 눈가에 슬픔이 보였기
때문이었다.

"베토벤이 청력이 무너지고 있다는 걸 처음 깨달았을 때가
대략 서른쯤이었어요. 음악가가 소리를 잃는다는 것은…

존재가 무너진다는 뜻이죠. 그가 느꼈을 절망은 우리가 상상하는 수준이 아닐 겁니다. 1802년, 오스트리아의 하일리겐슈타트 숲에서 그는 완전히 무너졌어요. 사람들과 대화하기가 너무 어렵고, 공연도 할 수 없고… 그는 자신이 세상에서 사라지는 느낌을 받았어요."

잠시 침묵의 충격이 스쳤다. 나는 그 침묵 안에서 베토벤의 고독을 상상했다. 소리가 사라진 세계에서, 음악가가 어떻게 존재를 이어갈 수 있을까?
"백 선배, 하일리겐슈타트의 유서는 나도 못 읽어요. 읽기가 두려워져요."

백 선배의 독백이 이어졌다.
"그 유서에서 베토벤은 처음이자 마지막으로 '인간 루트비히'의 가장 깊은 내면을 보여줍니다. 세상에 대한 분노와 자기 자신에 대한 실망, 그리고 위안받지 못한 슬픔… 그는 유서에 이렇게 적었습니다."

**나는 세상 사람들에게 사악하거나
고집스러운 사람으로 보였을 것이다.
그러나 그들은 내가 들을 수 없다는 사실을 몰랐다.**

"이 문장을 볼 때마다...마음이 아파요. 세상에서 그 많은
소리를 사랑한 사람이 가장 먼저 잃어버린 것이 소리라는
게... 이건 잔인한 운명이죠."

그의 말엔 연주자의 깊은 울림이 공감으로 깃들어 있었다.
삶의 절망을 건반 위에서 끊임없이 견뎌온 예술가만이
이해할 수 있는 침묵의 무게.
나 또한 천천히 침묵의 심연으로 빠져들고 있는데, 이슬비가
소낙비가 되어 창밖을 두드리기 시작한 순간 백 선배의
표정이 갑자기 빛을 끌어올리듯 환해졌다.

"그런데, 베토벤의 위대함은 바로 그 뒤에 있어요. 그는
결국 죽지 않고, 돌아옵니다. 그리고 그 이후에 'Eroica',
'영웅'이 탄생해요."

나는 순간 소름이 돋았다. 절망의 끝에서, 베토벤은 가장
폭발적인 생명력을 가진 작품을 써낸 것이다.

"베토벤의 음악은 고통을 극복한 한 위대한 인간의
음악입니다. 절망이 그를 꺾지 못했어요. 그 절망 이후,
베토벤 최고의 작품들이 연이어 탄생합니다. 1803년
'영웅'을 시작으로, '피아노 소나타 28번 A장조
op.101(1816)', '피아노 소나타 32번 C단조
op.111(1821)', '베토벤 후기 현악 사중주, '교향곡 9번
D단조', '합창 op.125(1824)', 그리고 '디아벨리
변주곡'에 이르기까지 ― 나는 베토벤을 연주할 때... 그의
절망을 먼저 느끼고, 그 절망을 이겨낸 '혼'을 함께 느끼려고
합니다. 그 순간 나는 너무 행복하고요."

나는 이해했다. 백 선배와의 여정이 베토벤을 다시 한
'인간'으로 만나는 시간이 되고 있음을.

"내가 죽음을 생각했을 때 음악에 대한 열정이 나를 붙들었다.
신이 내게 명령하신 일을 다 끝내기 전에는 이 세상을 떠날 수 없다는 생각이 들었다.
앞으로 내 손을 통해 태어나야 할 음악들,
그것을 생각하며 나는 지금 이 비참한 삶을 견뎌내고 있다.
아아, 사람들은 깨닫게 될 것이다. 비참한 운명을 어깨에 짊어지고도 음악가로서
최선을 다하기 위해 몸부림친 사람이 있다는 것을.
나의 예술혼이 활활 타오르기 전에 죽음이 닥쳐온다면, 나의 운명이 아무리
무자비할지라도 나는 맞서 싸울 것이다."
― 1802년 10월 6일, 베토벤의 '하일리겐슈타트 유서' 중

für meinen Bruder Carl und [Johann] [illegible]

[illegible] die ihr mich für [illegible] halsstarrig oder
Misanthropisch haltet oder [illegible] wie unrecht thut ihr mir,
ihr [illegible] nicht die [illegible] Ursache von dem [illegible] ist
[illegible] mein Herz und mein Sinn waren von [illegible]
von der [illegible] der [illegible] Handlungen zu [illegible]
[illegible] bereit und [illegible] [illegible]
[illegible], durch [illegible] die zu [illegible]
[illegible] zu [illegible] in der Hoffnung [illegible] zu werden,
[illegible], welche zu dem [illegible] einen [illegible]
[illegible] Heilung ähnlich [illegible] deinem [illegible]
[illegible] unmöglich ist [illegible], mit einem [illegible]
[illegible] durch [illegible] [illegible] selbst [illegible]
[illegible] für die [illegible] des [illegible], [illegible]
ich mich [illegible], neben [illegible] zu [illegible] wollte
[illegible] zu [illegible] mich nimmer über alles das [illegible]
[illegible] jetzt [illegible] ist die die [illegible] halten bedauern
[illegible] meines [illegible] [illegible] Denn [illegible]
[illegible] und das wird mir noch nicht möglich den
[illegible] zu [illegible] [illegible] [illegible] [illegible]
ich bin [illegible], [illegible] zu [illegible] [illegible] möglich daß [illegible]
[illegible] nicht [illegible] [illegible] [illegible] als [illegible] mein
[illegible] halt [illegible] gerade so [illegible] [illegible]
[illegible] wie ihm ist, [illegible] in der [illegible]
[illegible] in einer [illegible] sein ihr [illegible]
meinem [illegible] [illegible] haben noch gehabt haben — ich
[illegible] nicht, denn [illegible], wenn ihr mit der [illegible]
[illegible] [illegible], es ist mit meinem [illegible] nicht wie ein Ehr
[illegible] sehr [illegible] mein unglück, indem ich [illegible] [illegible]
[illegible] mich, gar mit [illegible] Heilung in [illegible] [illegible]
[illegible] [illegible] [illegible] [illegible] [illegible]
[illegible] [illegible] leben, ganz allein [illegible] mir [illegible]
[illegible] die [illegible] [illegible] [illegible] darf ich mit in [illegible]
[illegible] [illegible], wie ein [illegible] muß ich leben, [illegible] ich mich
[illegible] [illegible] zu [illegible] mich wie bei der [illegible]
[illegible] [illegible] [illegible] in [illegible] [illegible] zu werden [illegible]
[illegible] und [illegible] zu beiden [illegible] wie [illegible] dem mir
[illegible] solche [illegible] [illegible] dem blonde zu [illegible]
[illegible] meinem [illegible] [illegible] zu [illegible], denn [illegible] daß mir
[illegible] [illegible] mich [illegible] [illegible], [illegible] [illegible]
[illegible] [illegible] nunmehr [illegible] seit [illegible] [illegible]
[illegible] [illegible] [illegible] zum [illegible] [illegible]
[illegible] und ein [illegible] eine [illegible] [illegible] und ist nicht [illegible]
[illegible] meinem den [illegible] [illegible] [illegible], wie [illegible] auch nicht [illegible]

3장

귀가 들리지 않아도
들리는 음악

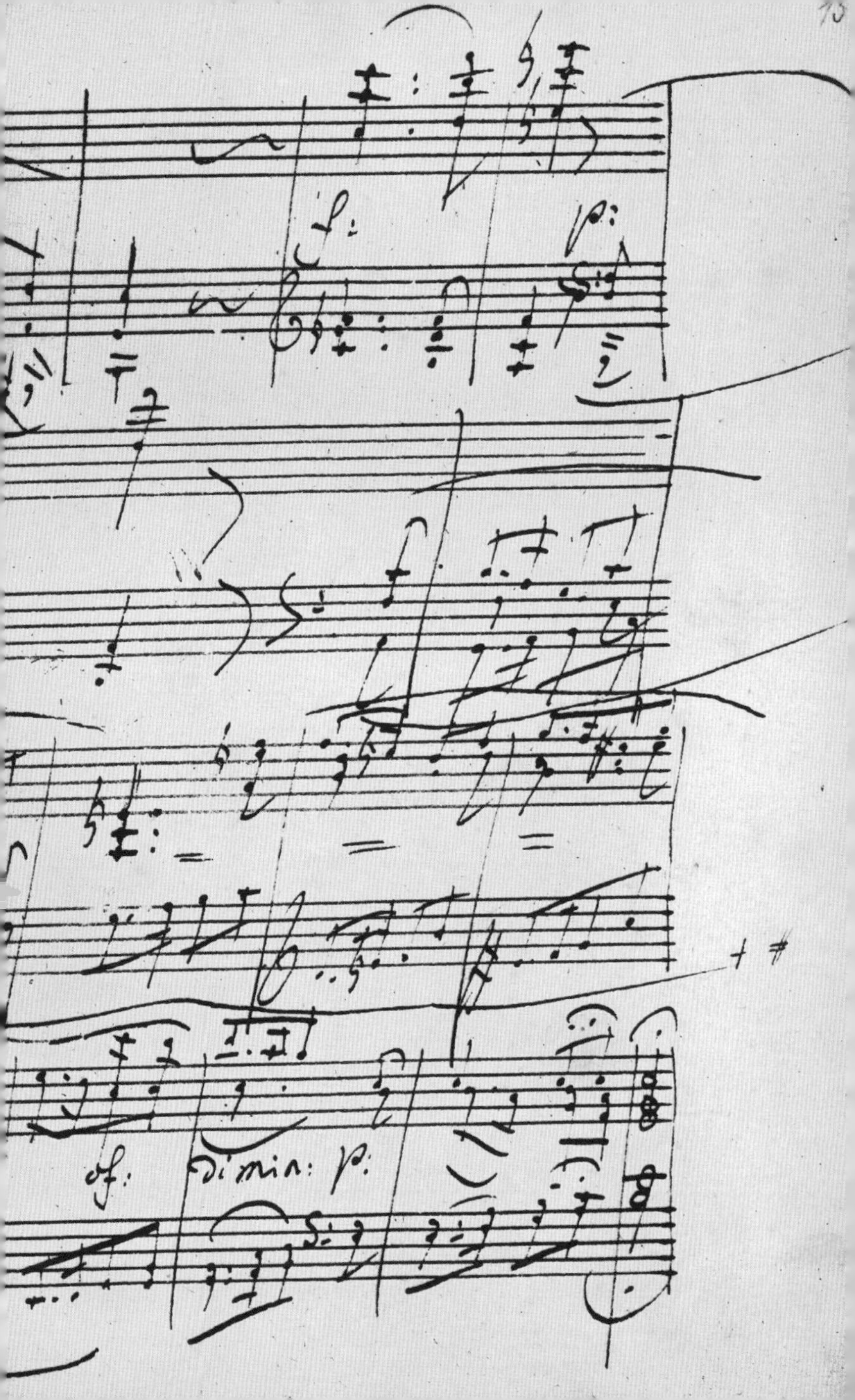

sf.   dimin: p.

IN DIESEM HAUSE
WURDE
LUDWIG van BEETHOVEN
GEBOREN
AM 17TEN DEZEMBER 1770

패딩턴 역을 떠난 지 한 시간이 지났을까. 창밖에 온통
바다였다. 어둠이 약간 깔리는 게 이곳이 영국이구나 하는
생각이 들었다.
8월부터는 밤이 우리보다 한두 시간 빨리 오는 곳이
영국이었다. 대신 여름에는 밤 8시가 되어도 밝았으니까.
차창에 비친 내 얼굴 옆으로 백 선배의 모습이 잔잔하게
흘러갔다.

"백 선배, 베토벤이 결국 소리를 완전히 잃은 뒤에도... 그
엄청난 작품들을 썼잖아요? 그건 어떻게 가능한 일인가요?"
백 선배가 조용히 웃었다.
"베토벤은 들리지 않았던 것이 아니라... 너무 많은 소리가
그의 안에서 들리고 있었을 거예요."
그리고 그는 손가락으로 테이블을 살짝 두드렸다. 건반이
없는 건반 위의 두드림이 한순간, 음악처럼 느껴졌다.

"청력을 거의 완전히 잃은 뒤의 작품들이 실제로 베토벤의
최고 작품들입니다. 그중에서도 1822년에 작곡한 후기

피아노 소나타 32번 op.111은 인간이 이 세상에서 쓸 수 있는 마지막 기도 같은 작품입니다. 소리가 아니라 영혼이 보이거든요. 현악사중주 가운데 op.131은 베토벤 자신이 '내 최고의 작품이다'라고 했고요.

귀도 들리지 않는데 어떻게 이런 소리를 만들었을까…
저도 치면서 계속 그 질문을 합니다. 특히 1824년에 나온 교향곡 9번은 '절망의 끝에서 터져 나온 인간의 희망 선언'입니다. 그가 들을 수 없었기에 더 순수한 빛이 되었다고 생각합니다."

궁금증이 많은 내 눈빛을 본 백 선배가 본인의 귀 옆을 손가락으로 가볍게 눌렀다.
"베토벤은 처음엔 피아노의 진동으로 들었습니다. 뼈가 울리는 소리죠. 이걸 '골전도'라고 하죠. 베토벤은 우선 손을 피아노 뚜껑에 얹고 건반을 눌러 진동을 느꼈고요. 귀가 완전히 나간 뒤에는 기억 속의 소리, 내적 청음 Aural Imagination으로 작곡했어요.

이것이 가능할까 하겠지만 오랜 세월 반복 연습으로 축적된
음정과 음색의 감각 데이터베이스가 그의 머릿속에 살아
있으니까 가능했던 겁니다.”

놀라는 내 모습에, 선배는 미소를 지었다.
“그래서 그의 후기작은 실제 소리보다 ‘영혼의 소리’에
가깝죠. 세상의 소음을 완전히 차단한 채, 오직 자신만의
우주 속에서 쓴 음악이니까요. 귀를 잃은 후 후기 베토벤의
음악은 철학입니다. 음악이면서 음악이 아닌 지점까지
도달한 거의 유일무이唯一無二한 작곡가죠.
베토벤은 감정이 아니라 ‘존재의 질문’을 음악으로
표현했어요. 단순히 아름다운 음악을 넘어 ‘인간이란
무엇인가’를 묻는 음악이 나온 거죠. 쇤베르크나 바르톡,
브람스는 베토벤의 영향 속에 작품을 썼다고 봐야 합니다.
후기 베토벤 없이는 현대 음악도, 서양 철학도 많이
달라졌을 겁니다.”

나는 불현듯 말했다.

"그래서 백 선배가 건반 위의 구도자이자 철학자가 되었군요."

열차는 천천히 여유 있게 느려지면서 바쓰에 다가서고
있었다.
나는 이 기차가 계속 가길 바라면서 다시 물었다.
"백 선배, 절망 속에서도 어떻게 그런 밝은 음악을 쓸 수
있었을까요?"
"절망을 없애려고 한 게 아니라, 절망을 껴안고 넘어선
사람이기 때문이죠."
이렇게 말한 후 그는 말없이 창밖을 바라보았다.

"베토벤은 절망에 무너지지 않고 '희망의 빛'으로 간
사람입니다. 나에겐 그가 바로 나의 신입니다."
나는 그 말을 오래 기억하게 될 것 같았다.

열차가 섰다.
바쓰였다.
갑자기 베토벤의 9번 교향곡 합창이 듣고 싶어졌다.

4장

바쓰의 첫 밤 I

베토벤의 사랑,
그 깊고도 아픈 음악

로마의 한적한 동네처럼 보이는 바쓰 역에 내렸다. 우선 공기가 맛있었다. 이곳은 묘하게 고요했고, 오래된 돌담 위로 스며드는 습기마저도 로마 시대의 시간처럼 느리게, 천천히 흐르는 곳이었다.

성당 옆 호텔에 도착해 체크인하고, 작은 미로를 따라 호텔 바로 갔다. 저 멀리서 성당 종소리만 들려올 뿐, 늦은 밤의 바쓰는 도시 전체가 '숨을 멈추는 시간'이었다.

미국인들로 보이는 관광객 서너 명이 땅콩에 맥주를 마시고 있었고 우리는 그들을 피해 구석의 작은 테이블에 마주 앉았다.
레드와인 잔을 부딪치며 나는 베토벤의 사랑 이야기를 꺼냈다. 그의 폭발적인 음악과 고독 사이 그 어딘가에 반드시 '한 사람'을 향한 마음이 있었을 것이기 때문이다.
나는 호기심을 갖고 물었다.
"백 선배, 베토벤이 가장 사랑했던 여인은 누구였을까요?"
백 선배와 잔을 다시 부딪치며 짓궂게 물었다.

"그 질문을 하려고 바쓰에 온 것 아닙니까?"

그리고 그는 천천히, 차분하게 이야기를 꺼냈다. 순간

바쓰의 밤은 마치 19세기 빈의 골목처럼 깊은 숨을

내쉬었다.

"첫사랑의 울림은 줄리에타 귀차르디였죠. 젊고 아름답고,

귀족이고... 베토벤의 마음을 완전히 흔들었던 여인이었죠."

줄리에타 귀차르디
Giulietta Guicciardi
1784-1865

그렇다. 줄리에타 귀차르디. 그녀에게 피아노를 가르쳤던
베토벤은, 한동안 심장이 뛰는 듯한 행복을 맛보았을
것이다. 베토벤은 그녀에게 '월광 소나타(피아노 소나타
제14번)'를 헌정했다.
나는 조심스럽게 물었다.
"그때만큼은... 그는 행복했을까요?"

백 선배는 천천히 고개를 끄덕였다.
"물론이죠, 이룰 수 없다는 걸 알면서도... 사랑하는
동안만큼은 충분히 행복했을 겁니다. 그건 모든 사람에게
해당하는 이야기죠."
그러나 줄리에타는 귀족의 딸이었고 베토벤은 신분의 벽을
넘을 수 없는 평민 출신의 음악가였다. 그녀는 결국
베토벤이 아닌 귀족 남성과 결혼했다.

"첫사랑과도 같았던 그 감정은, 베토벤에게 '이루지
못함'이라는 형식을 통해 예술로 남았죠. 월광소나타가
바로 그 증거입니다."

어딘가에서 갈매기 소리가 들렸다. 바에서 울리던 음악이
재즈에서 클래식으로 바뀌는 순간 백 선배가 요제피네
이야기를 꺼냈다.
"줄리에타가 첫사랑이라면 요제피네는 평생 가슴 속으로
사랑한 여인이죠."

요제피네 브룬스빅. 그녀는 베토벤과 정말로 가까웠고
영혼적인 교류가 깊었다. 당연히 그녀는 베토벤을 사랑했다.
그러나 그 이상은 허락되지 않았다. 귀족이라는 신분,
아이들, 사회적인 분위기... 그녀는 베토벤을 사랑했지만
결국 그의 곁으로 오지 못했다.

백 선배는 잠시 눈을 감고 생각하는 듯 말이 없었다.
"요제피네는 베토벤의 음악을 바꿔놓았어요. 그녀가 떠난 후
베토벤의 음악은 단단해졌고, 고독이 철학이 되기
시작했죠."

나는 나지막하게 물었다.

요제피네 브룬스빅
Josephine-von-Brunsvik
1779-1821

"이루지 못한 사랑 때문에... 그는 더 깊어진 것일까요?"

시간이 지나 답이 돌아왔다.
"네, 이루어진 사랑이 사람을 따뜻하게 한다면, 이루지
못한 사랑은 사람을 깊게 만들죠. 베토벤은 후자를 선택할
수밖에 없었고 그래서 그의 음악은 '깊은 인간성'을 품게
된 겁니다."

5장

바쓰의 첫 밤 Ⅱ

불멸의 연인,
사랑 이후의 고독

작고 미세한 바람 소리가 귓가에 들렸다. 바람 소리 사이로
성당의 종소리가 희미하게 실려 왔다. 마치 로마인의
속삭임처럼.
포도주 한 잔이 테이블 위에 놓여 있었지만 두 시간 가까이
지났는데도 반도 비우지 못했다. 술이 필요 없었다.
베토벤의 사랑 이야기에 우리는 취해 있었다. 나는
조심스럽게 글라스를 매만지며 물었다.

"백 선배, 그러면 불멸의 연인Immortal Beloved은 누구였나요?
'영원히 너의, 영원히 나의, 영원히 우리의... 루트비히 판
베토벤, 1812'로 맺는 이 편지의 여인은 누구인가요?"

"안토니아 브렌타노일 거예요. 교양 있고 따뜻하며,
베토벤의 고독과 예술적 불꽃을 이해했던 여인이었죠.
그녀와 함께 있을 때 그는 세상 어디에도 없는 평온을
느낀 것 같아요.
사람들은 베토벤이 피아노 앞에서만 위로받았다고
생각하지만, 사실 그가 느꼈던 가장 인간적인 위로는

브렌타노와의 만남, 사랑에서 왔죠."

베토벤의 '불멸의 연인' 브렌타노 이야기에 나는 이미
시간이 멎어있는 듯한 착각이 들었다. 백 선배의 신음 같은
독백이 이어졌다.

"두 사람 사이에는 그 누구도 부정할 수 없는 정서적 친밀감,
정신적 결합이 있었어요. 그러나 그 사랑은 이미 운명적으로
완성될 수 없었고요, 사회적인 제약, 가정이 있는 여인에
베토벤 자신의 성격적 결함과 고독… 이 모든 것이 그들의
사랑을 하나의 '가능성'으로만 남게 했어요.
브렌타노는 사랑이었지만 동시에 상실이었습니다. 그녀가
돌아서면 베토벤은 더 깊은 고독으로 추락했고, 점차
악화하는 청력 때문에 그 절망의 깊이는 더욱 컸습니다.
그는 사랑을 원했고 사랑이 주는 따뜻함을 누구보다
절실하게 기다렸지만, 그 사랑은 끝내 이루어지지
않았습니다. 베토벤은 이 고통을 악보 위에, 음표
사이사이에 새겨놓은 것으로 보입니다."

안토니아 브렌타노
Antonia von Brenntano
1780-1869

나는 이 자리에 피아노가 없다는 것이 갑자기 너무
원망스러웠다. 비창이나 월광 한 곡을 듣는다면 내 슬픈
가슴이 조금이라도 진정될 것처럼 느껴졌다. 이루지 못한
사랑에 베토벤의 음악이 더 깊고 절절해졌음을 나도 신음을
토하며 고백하고 싶었다.

'고통이 깊을수록 인간은 더 자유로워진다'라는
쇼펜하우어의 말이 떠오르는, 깊고 긴 밤이 새벽을 향해
가고 있었다.

베토벤의 부치지 못한 편지.
총 열 장으로 이루어져 있으며 수신자는
'불멸의 연인'으로 되어 있을 뿐 누구인지 밝혀지지 않았다.
베토벤의 비서이자 훗날 전기작가가 된 안톤 쉰들러가
베토벤 사후 발견하여 보관했다.

고야의 색,
베토벤의 울림

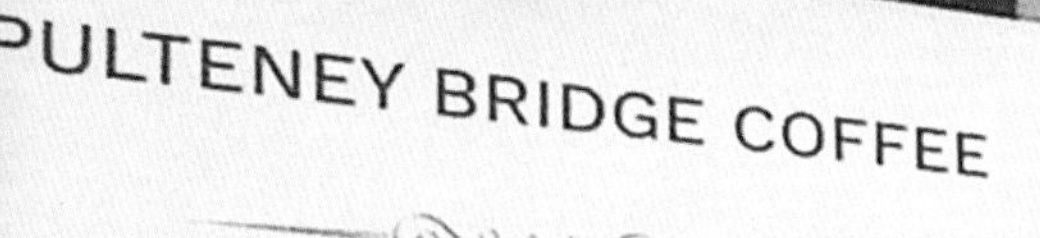

PULTENEY BRIDGE COFFEE

CREAM TEA

–

2 SCONES

TRAWBERRY JAM

LOTTED CREAM

스페인 작곡가 엔리케 그라나도스의 「고예스카스」(1911)는 고야의 그림에서
영감을 받아 탄생한 음악이다. 백건우는 이 곡을 40여 년 전, 뉴욕 카네기홀에서
처음 들었을 때의 순간을 평생의 기억으로 간직해 왔다.
"마치 햇빛이 내리쬐는 것처럼 따뜻했고, 음악이 나를 전혀 다른 세계로 데려가는
듯한 느낌이었어요."
그 오랜 기억의 끝에서, 그는 2021년 직접 촬영한 사진을 커버로 한 「고예스카스」
앨범을 발표했다. 이어 2022년 8월 27일, 스페인 마드리드 산 페르난도
왕립미술아카데미 콘서트홀에서 전곡 리사이틀을 열었다.
이 음악은 국내 리사이틀을 통해 한국의 관객들과도 만났고, 싱가포르 빅토리아
콘서트홀에서도 전곡 리사이틀로 이어졌다.

다음 날, 안개가 아직 걷히지 않은 이른 아침에 호텔을
나섰다. 시내를 가로지르는 에이번 강줄기를 따라 그야말로
발길 닿는 대로 걸었다. 밤새 내린 비가 물 표면에 잔물결을
만들며 햇빛을 반사하고 있었다.
세상은 2천년의 세월을 지나왔지만, 바쓰의 아침은 로마의
시간이라는 느낌이 왔다. 강가에서는 오리들이 무심한 듯
유영하고 있었고, 그 평화로운 장면에 이끌려 우리는 강변의
작은 찻집으로 들어갔다.

이른 아침인데도 가게 안 창가에는 두세 팀이 여유롭게 모닝
커피에 베이컨, 에그 후라이를 즐기고 있었다. 우리는 눈길
을 끄는 유화 그림 앞에 앉았다.

"프란시스코 고야Francisco Goya의 그림이네요."
강한 명암에 빛과 어둠이 얽히고, 인간의 내면을 들여다보는
듯한 색상에는… 잠시 숨을 멈추고 바라보게 하는 힘이
있었다.

바위 위의 마을
El Pueblo en la Roca

프란시스코 고야, 1800년대 초반, 메트로폴리탄 미술관
거대한 바위 위에 성채처럼 서 있는 마을을 통해 자연과 인간의 관계,
위태로운 존재감을 시적으로 그려낸 풍경화

"카피인데도 참 좋네요. 스페인 성당에선 마야의 진본
그림이 있었는데..."
그의 눈빛 속에 스페인의 빛이 스며들어 있었다.
"스페인의 한 성당에서 연주한 적이 있어요. 이미 10년
이상 지났는데도 잊히지가 않아요. 스페인은 내 마음에 딱
들어요. 지난 8월 한 피아노 콩쿠르에 심사위원장으로
다녀왔어요."

이윽고 나도 고야의 그림을 떠올렸다.
"백 선배, 마드리드 국립미술관에서 고야의 그림을 봤는데
'아이를 잡아먹는 사투르누스'는 정말 강렬했어요."
"베토벤이 고야의 그림을 봤다면 참 좋았을 텐데. 만에 하나
봤을 수도 있고요. 아마 고야가 30년 정도 먼저 태어났을
거예요."

백 선배가 찻잔을 손으로 감싸며 잠시 침묵했다. 그리고
천천히 말했다.
"고야는... 인간의 진실을 보는 화가예요. 보통은

아름다움부터 그리는데 고야는 인간의 악함, 고통, 공포...
그 어둠을 있는 그대로 그린 뒤에 거기서 희망을 한 줄기
끌어내요.”
그의 말은 너무 자연스러웠고, 너무나 인간적이었다.
“베토벤이 고야의 색상을 봤다면... 분명 깊이 공감했을
거예요. 둘 다 인간의 어둠을 회피하지 않았으니까요.”

나는 고개를 끄덕이며 또 다른 상상을 했다.
‘만약 고야가 베토벤의 음악을 들었다면?’
백 선배는 내 마음을 읽은 듯 웃으며 말했다.
“아마 고야는 베토벤의 음악을 들으며 캔버스 위에 폭풍처럼
또 다른 색을 쏟아냈을걸요? 베토벤의 ‘운명’은 고야의 검은
색조를 움직였을 것이고... ‘영웅Eroica’은 그가 그린 빛나는
붉은색과 황금색을 깨웠겠죠.”

그의 대답에 나는 소름 깊은 감동을 느꼈다. 고야는 인간
내면의 그림자에 빛을 던지는 화가, 베토벤은 인간의 절망
속에서 희망의 문을 여는 작곡가. 둘 다 자신의 시대를 넘어

발코니의 마하들
Las Majas en el balcón
프란시스코 고야, 1808 - 1812
발코니에 앉은 두 여인과 그 뒤에 드리운 남성의 어두운 형상을 대비시켜,
관능과 감시, 자유와 위협이 공존하는 당시 스페인 사회의 이중적 분위기를
암시한다. 고야 특유의 심리적 긴장과 사회 비판적 시선이 응축된 장면이다.

'인간의 본질'을 들여다본 예술가들이었다.

백 선배가 찻잔을 내려놓으며 덧붙였다.
"예술은 결국 서로를 비추는 거울이에요. 만난 적이 없어도 서로를 이해할 수가 있죠. 고야와 베토벤도 당연히 그랬을 겁니다."
나는 생각했다. 백 선배가 고야를 좋아하는 이유는 그 색채 때문이 아니라, 그 그림 속에서 인간이 버틸 수 있는 이유를 보기 때문이라는 것을.

"우리 또 걸어요."
백 선배의 한마디에 우리는 햇살이 쏟아져 내리는 거리로 다시 나왔다.

환영
Visión fantasmal
프란시스코 고야, 1820년대
공중에 떠오른 기괴한 형상과 불안정한 공간 구성은, 이성과 현실의 경계가 붕괴된 인간 정신의 상태를 시각화한다. 고야 말년, 청력을 잃고 사회와 단절된 이후 더욱 심화된 내면적 공포와 환시의 세계가 직접적으로 드러나는 작품이다.

관람객들이 고야의 관능적 걸작 〈마야의 누드〉와, 인간 본성의 광기를 응시하는
〈아이를 잡아먹는 사투르누스〉 앞에 나란히 서 있다.

바쓰의 골목에서

THE
HOLBURNE
MUSEUM
www.holburne.org

바스 로마 목욕탕
The Roman Baths, Bath
기원후 1세기경 로마인들이 건설한 공중 목욕 시설로,
자연 온천수를 이용해 목욕과 사교, 휴식을 즐기던 장소이다.

바쓰의 오후는 구름이 몰려왔다가 금세 흩어지고, 다시
햇빛이 돌담 위로 내려앉기를 반복했다.
점심 식사 후 호텔에서 한 시간 정도 쉬고 나온 우리는,
로마 시대의 목욕탕부터 보기로 했다. 세월이 이천 년이나
흘렀는데도 지금 들어가도 입장료만 내면 목욕을 할 수 있을
듯한 착각에 빠졌다.
형형색색의 옷을 입은 관광객들이 호기심 어린 눈으로
이곳저곳에서 해설사의 설명에 귀를 기울이고 있었다.
회색빛 건물들 사이에서 불어오는 바람까지도 마치 로마의
향을 머금은 듯했다.

백 선배가 가볍게 웃으며 말했다.
"여기는 저 찬란한 햇빛과 바람까지도 음악 같지 않아요?"
나는 고개를 끄덕끄덕하기만 했다.

미로 같은 골목을 돌 때마다 내 사무실이 있는 인사동
골목이 생각났다. 보물찾기에 적합한 인사동 골목의 매력은
매일매일 가벼운 행복을 내게 주는 곳이다. 7년째 인사동

사무실에 머무르고 있는데, 그곳과 비슷한 바쓰의 골목에서 하루하루를 살 수 있으면 더 이상의 바람이 없겠다는 생각이 들었다.

바쓰의 골목 탐험은 백 선배의 예술적 감성과, 방송을 업으로 살았던 나의 지적 호기심을 계속해서 자극해 왔다.

어제 본 마야의 카피 그림이 순간적으로 떠올랐다. 나는 지도를 보며 바쓰의 대표 미술관인 홀번 뮤지엄Holburne Museum을 손으로 찍었다.

"좋죠."

백 선배도 응답했다.

강 끝을 따라 20분 정도 걸었을까, 멀리서 보는 박물관은 그 자체가 한 폭의 그림으로 다가왔다. 첫인상은 작지만 아담했다.

안으로 들어서자, 건너편은 탁 트인 공원이었다. 2층 계단으로 올라가 보니 중세풍의 질감이 그대로 살아있는 초상화들이 우리를 맞았다. 인물들의 표정에, 손끝까지

홀번 뮤지엄
Holburne Museum
18세기 시드니 호텔 건물을 개조한 미술관으로,
고전적 건축과 정원이 어우러진 공간에
회화와 장식미술 컬렉션을 소장하고 있다.

그려진 세밀함이 마치 오래된 시간을 건너 우리에게 말을
건네는 듯했다.

우리는 이곳에 오길 잘했다는 생각으로 잠시 눈을 마주쳤다.
피아니스트 백건우, 그는 화면 속의 작은 음영들까지
꼼꼼히 읽어내며 마치 오선지에서 숨어 있는 리듬을 찾듯
그림의 결을 느끼고 있었다. 나는 그의 옆에서, 예술을
감각으로 이해하는 한 인간의 집중력을 조용히 지켜보며 이
순간 자체가 큰 선물처럼 느껴졌다.
홀버른 미술관을 나오면서 나는 빈센트 반 고흐를 떠올렸다.

"백 선배, 아까 카페에서 화가 마야의 그림 이야기를 했는데,
제가 정말 사랑하는 이는 빈센트 반 고흐입니다. 베토벤과
고흐 사이에 연결점이 있을까요?
"있습니다. 아주 깊은 연결이죠. 두 사람은 같은 질문을 다른
언어로 던진 사람들입니다. '고통을 안고 어떻게 끝까지
살아갈 것인가?'"

"반 고흐는 평생 가난했고 살아서 인정받지는 못했고,
마지막까지 고통 속에 있었습니다. 베토벤 역시 청력을 잃고
극심한 고독 속에서 살았고요."
"고통의 모양은 달랐지만, 무게는 비슷했을 겁니다. 중요한
건 두 사람이 고통을 설명하지 않았다는 점이죠. 베토벤은
'나는 이렇게 불행하다'라고 음악으로 말하지 않았고,
고흐도 '나는 이렇게 외롭다'라고 그림으로 말하지
않았거든요. 대신 고통이 형태를 바꾸어 나타났어요."
"형태를 바꾸었다는 말씀이 인상적입니다."

백 선배는 깊은 숨을 한번 크게 들이쉬고서 말했다.
"네. 베토벤에게 고통은 형식의 변화였습니다. 그는
소나타의 구조가 무너지고, 현악사중주의 시간 감각이
바뀌고, 마지막에는 말을 멈추는 지점까지 갑니다.
op.111에서 더 이상 피아노 소나타를 쓰지 않았다는 건 그
자체로 하나의 선언입니다. 또 고흐에게 고통은 색과 붓질의
떨림이었습니다. 하늘이 가만히 있지 않고, 별이 돌고,
나무가 흔들립니다. 그는 고통을 감정으로 설명하지 않고

세상의 움직임으로 그렸습니다."

"그렇다면 이렇게 말해도 될까요? 베토벤은 고통을 안으로
붙잡았고, 고흐는 고통을 밖으로 드러냈다고."

"아주 정확한 표현입니다. 그래서 베토벤의 음악은 점점
침묵으로 가고, 반 고흐의 그림은 점점 구도와 색의 폭주로
가게 되죠. 그 방향은 달라도 출발점은 같았습니다. 두 사람
다 고통을 회피하지 않았어요.

"철학자인 쇼펜하우어를 떠올리게 되네요. 그는 예술을
의지의 직접적 표현이라고 했지요."

"맞습니다. 쇼펜하우어가 살아있었다면 베토벤과 고흐를
같은 장에 놓았을 겁니다. 베토벤의 음악은 시간 속에서
흔들리는 의지이고, 고흐의 그림은 공간 속에서 떨리는
의지입니다. 한 사람은 소리로, 또 한 사람은 색으로 같은
진실을 말하는 것이죠."

"백 선배, 연주자로서 두 사람 중 누구에게 더 가까움을
느끼시나요?"

"연주자로서는 당연히 베토벤에게 더 가까이 서 있습니다.

하지만 인간으로서는 고흐에게 고개를 숙이게 됩니다.
고흐는 끝까지 보호받지 못한 상태로 자기를 드러냈습니다.
죽기 전에 있었던 정신병동에서 철창 사이로 본 밀밭을
그림으로 그렸는데, 그건 아무나 할 수 있는 일이 아닙니다.
진정한 휴머니스트였죠."

"그렇다면 백 선배의 베토벤 연주에도 고흐의 그림 같은 면
이 들어 있다고 볼 수 있을까요?"

"아주 조심스럽게 말하자면 그렇습니다. 저는 베토벤을
'웅장하게' 연주하려 하지 않아요. 그건 이미 너무 많이
해석된 방식입니다. 오히려 음악이 버티고 있는 상태, 그
상태를 그대로 두고 싶어요. 고흐의 그림이 아름답기 이전에
살아 있는 상태이듯 말이죠."

"선배, 젊은 피아니스트들에게 이 두 사람을 함께 놓고
해주고 싶은 말이 있다면요?"

"베토벤처럼 고통을 통제하려고만 하지 않아도 됩니다.
고흐처럼 고통을 모두 드러내지 않아도 됩니다. 중요한 건
고통을 속이지 않는 것이에요. 예술은 고통이 없어서 생기는
게 아니라 고통을 끝까지 정직하게 대했을 때 비로소

오베르의 교회
The Church at Auvers
빈센트 반 고흐, 1890
프랑스 오베르 쉬르 우아즈의 교회를 강렬한 붓질과 불안정한 원근으로 그린
작품으로, 고흐 말년의 내면과 영적 긴장을 상징적으로 보여준다.

시작되거든요."

백 선배의 말은 나를 상념에 잠기게 했다.
'베토벤과 고흐는 만난 적이 없다. 그러나 베토벤이 죽고
25년 뒤에 태어난 고흐는 같은 질문 속에 살았다. 예술은
고통을 없애지 않는다. 다만 그 고통이 사람을 파괴하지
않도록, 또 다른 언어를 건넨다. 소리와 색, 시간과 공간,
그리고 그 사이에서 인간은 잠시나마 살아갈 이유를
얻는다.'

고흐 이야기를 하다가 자연스럽게 발걸음이 닿은 곳은
소설가 '제인 오스틴Jane Austen Centre' 문학관이었다.
우리는 그녀가 사용했던 작은 노트와 펜, 그리고 소설 속
여주인공의 삶을 떠올리게 하는 의상과 소품들을 찬찬히
음미했다. 바쓰라는 도시가 가진 여성적 감성, 그 디테일의
아름다움에 백 선배나 나나 큰 감동이 왔다.

"베토벤이 이런 공간을 걷고 있다면 어땠을까요?"

제인 오스틴 센터
Jane Austen Centre
제인 오스틴이 거주했던 도시 바스에서
그녀의 삶과 작품 세계를 소개하는 전시 공간이다.

내가 물었다.

"베토벤은 늘 결핍과 싸워야 했던 사람이잖아요. 이런 따뜻하고 정돈된 소우주를 보았다면 잠시라도 마음이 편해졌을 것 같아요."

그 말이 가슴 깊이 와닿았다.

'가난했고, 사랑을 이루지 못했던, 청력을 잃어가던 그와 이 바쓰의 부드러운 바람 속을 같이 걷는다면 그의 음악도, 그의 고독도… 조금은 다르게 울리지 않았을까요?' 하고 백 선배에게 물었지만, 그는 말없이 성큼성큼 앞으로 걸었다.

늦은 밤 호텔 근처 피자집에서 저녁을 먹었다. 마침, 내일 바쓰를 떠나야 한다는 생각에 가슴이 먹먹해졌다. 하루 종일 걸어 몸은 고단했으나 우리는 참으로 행복했다.

"바쓰의 아름다움은 베토벤에게 딱 어울리는데!"

백 선배가 혼잣말하듯 말했다.

나는 또 고개만 끄덕끄덕했다.

시어터 로열 바스
Theatre Royal, Bath
1805년에 개관한 영국에서 가장 오래된 극장 중 하나로,
연극·오페라·발레와 클래식 공연이 이어져 온
바스 문화의 중심지다.

바다로 가는 마음,
카디프의 아침

GEORGE DUKE OF CLARANCE

ISABELLA

Bae Caerdydd
Cardiff Bay
1
Morglawdd Bae Caerdydd
Cardiff Bay Barrage
3/4
Canol Y Ddinas
City Centre
2
Penarth
1¼

바쓰에서의 마지막 밤은 유난히 짧게 느껴졌다. 호텔 창밖으로 새벽빛이 스며들기 시작할 무렵, 우리는 이미 짐을 정리해 바쓰 역으로 향하고 있었다.

백 선배 역시 나처럼 아침형 인간이었다. 햄버거에 커피를 즐기며 그가 말했다.

"이른 아침 열차는 늘 좋지요. 사람 마음을 한 칸 비워내니까요."

열차는 심호흡하듯 서서히 움직였다. 우리가 바쓰행 열차를 탔던 런던 패딩턴에서 출발한 기차였다. 나는 창밖을 바라보며 말했다.

"카디프에 바다가 있다는 것만으로도 마음이 설렙니다. 베토벤도 바다를 보고 싶어 했을까요?"

그가 조용히 웃었다.

"베토벤은 평생 한 번도 바다를 보지 못했죠. 그게 늘 아쉬웠을 겁니다. 그의 교향곡엔 바다가 없어요. 하지만… 바다 대신 인간 내면의 바다를 깊게 들여다봤지요."

"백 선배는 어릴 때 부산 동래에서 살았으니 바다에 자주
갔겠죠."
"어머니와 함께 간 영도와 자갈치 앞바다는 지금도 눈에
선해요."
백 선배의 눈에 이슬이 맺혔다.
"내 영혼을 음악으로 채워준 분이었죠. 지금도 너무
그리워요."

우리 두 사람이 약간의 식곤증에 깜빡 잠이 든 사이에
열차가 카디프Cardiff 중앙역에 도착했다. 카디프역은 느낌이
바쓰와는 완전히 달랐다. 고전적인 로마풍의 고요함에서,
젊은 도시의 빠른 맥박이 느껴졌다. 학생과 젊은 직장인들,
관광객들로 붐비는 가운데 바다 냄새가 바람 속으로 섞여
들어왔다. 우리는 호텔에 짐만 맡기고 시내 한복판으로
나왔다.

"이 도시는 사람이 에너지를 주네요. 베토벤은 이런 약간
거친 기운을 좋아했을 겁니다."

저 멀리 카디프 성이 보였다.

'이 도시는 웨일스의 수도구나'라는 사실을 깨닫게 하는
존재감이 있었다. 성문 안으로 들어서면서 백 선배가
말했다.

"여긴 음악이라기 보단…. 연극 같은 느낌이 와요."

정확한 말이었다. 카디프 성은 한 편의 연극 무대처럼
역사와 전쟁, 귀족 문화가 층층이 쌓여있는 공간이었다.

성 내부로 들어서자, 스테인드글라스가 있는 높은 천장이
우리를 압도했다. 중세 무사의 갑옷과 전쟁터의 실루엣은
귀족 가문을 상징하듯 벽면을 빼곡히 채우고 있었다.

백 선배가 천천히 말했다.

"베토벤이 이런 곳에 왔더라면… 아마 또 다른 교향곡을
썼을 수도 있겠어요. 그의 음악에는 '외부 세계'가 적거든요.
대신 '내부 세계'가 있죠."

나는 물었다.

"백 선배에게는 어떤 느낌으로 다가오나요?"

"나는 늘… 공간을 보면 소리를 듣습니다. 이 성에서 나는

ROBERTVS CONSVL COM GLO

소리는... 무겁고 오래돼요. 하지만 따뜻합니다.”

카디프 성의 중앙 정원에 서서 나는 깊은 숨을 들이켰다.
여행의 초반, 파리의 북역에서는 우린 둘 다 조금
긴장되어 있었다. 그러나 지금 카디프의 중심에 서서 우리는
오히려 더 느긋하고, 더 깊어지고 있었다.
나는 성곽 위를 가리키며 말했다.
“여행은 이렇게 중반쯤 와야 비로소 마음이 열리죠.”

우리는 웃으며 다시 성문 밖으로 걸어 나왔다. 히피풍의
미국 젊은이로 보이는 남녀가 아예 상의를 벗고 성 밖
잔디밭에서 선탠 중인 모습에서 ‘아, 우리도 여행 중이지’
하는 묘한 생각이 들었다.

9장

카디프 만에서,
오늘이 있어 행복합니다

우리는 택시를 탔다. 파리 북역에서 만난 이후 매일 걷기만
하다가 사흘 만에 택시를 탄 것이다. 목적지는 카디프
외곽에 자리한, 이 도시에서 가장 오래된 성당이었다.
수줍은 소녀처럼 조용히 성당 문을 열고 들어서자, 파이프
오르간 음이 들렸다. 천장 끝까지 울리는 중후한 음색에
공기를 흔들며 내려오는 공명의 떨림, 마치 베토벤의 현악
사중주에서나 들을 법한 깊은 울림이었다.

우리는 말없이 빈 의자에 앉아 조용히 손을 모았다. 그리고
기도했다. 나는 백 선배의 건강을 빌었다. 윤정희 누님을
먼저 보낸, 그것도 알츠하이머로 배우자를 보낸 심정을 그
누가 알겠는가?
또 하나의 짧은 소망을 위해 기도했다. 이제 1년 반 앞으로
다가온 베토벤 사후 200주년이 되는 내년 3월에 그가 청각
장애자들을 위해 피아노 연주회를 가져 달라고... 그것도
베토벤이 청력을 완전히 상실한 이후 작곡한 교향곡 9번
'합창'을... 이건 나의 꿈이지만, 나의 꿈에 백 선배는 꼭
응답해 주었다.

지난 2011년 시작된 '백건우의 섬마을 콘서트' 시리즈는
백 선배와 나의 이런 절묘한 호흡으로 탄생한 작품들이었다.

성당 밖의 잔디 광장을 걸으면서 나는 물었다.
"백 선배, 성당 안에서 파이프 오르간이 울릴 때 떠오른 게
있어요. 연평도, 위도, 욕지도, 울릉도까지... 그때 어떤
마음으로 간 건가요?"
백 선배가 잠시 성당을 돌아보며 깊게 숨을 들이쉰 뒤 입을
열었다.
"섬은요... 도시와 다르게 시간이 느리게 흐르잖아요. 음악을
들려주면 그 느린 시간 속에 파문이 오래 남아요."
나는 고개를 끄덕이며 다시 물었다.
"그곳 청중들은 어땠나요? 대도시 콘서트홀과는 느낌
자체가 달랐을 것 같은데요?"
"그렇죠. 섬마을 사람들은 음악을 '잘 들으려고' 하지
않아요. 있는 그대로 받아들이죠. 눈을 감고 바람처럼,
물결처럼... 나는 그런 청중을 정말 사랑합니다."
"그중에서도 가장 기억에 남았던 곳은 어디였습니까?"

"연평도요. 그날도 바람이 거셌어요. 전쟁의 상처가 남아
있는 땅에서 사람들이 음악을 들으며 조용히 울더군요. 그
순간은... 악보에 없는 음을 듣는 느낌이었습니다."
나는 또 물었다.
"선배, 왜 그 많은 섬을 찾아다니면서 연주를 하나요?
사람이 많이 모이는 곳이 아닌데도요."
백 선배는 천천히 대답했다.
"음악이라는 게... 사람 많은 데서 큰 박수 받으라고 있는 건
아니잖아요. 가장 음악이 필요한 곳이 어디인지 생각해
보면 답이 나와요. 고립된 곳, 조용한 곳, 그리고 누군가
기다리는 곳."
나는 갑자기 연평도와 욕지도에서 윤정희 누님이 꽃게를
너무 먹어 배탈이 나 고생했던 순간이 떠올랐다. 그때 백
선배가 '그만 먹으라'고 계속 말리던 생각도 스쳐 갔다.
누님은 바람처럼 갔고, 이제는 이 세상에 없는데...
서글펐다.

성당을 걸으면서 마음이 차분해진 탓일까? 나는 베토벤의

음악에 심취했던 쇼펜하우어를 떠올렸다.

"백 선배, 대학 시절부터 지금까지 제가 가장 존경하는 철학자는 쇼펜하우어입니다. 그의 말 중에 이런 문장이 있습니다. '승자는 과정에 신경을 쓰고, 패자는 결과에만 집착한다'. 이 말이 요즘 한국의 젊은 예술가들과 부모들을 떠올리게 합니다. 모두가 너무 빨리, 너무 확실한 결과를 요구받고 있습니다. 선배님은 이 문장을 어떻게 받아들이십니까?"

"아주 정확한 말입니다. 그리고 아주 잔인한 말이기도 합니다. 예술에서 결과를 먼저 묻는 순간, 그 사람은 이미 자기 시간을 잃기 시작합니다. 음악은 속도를 늦추지 않으면 절대로 말을 걸어오지 않습니다. 그런데 우리는 너무 일찍 결과를 요구합니다. '언제 콩쿠르에서 상을 타나', '언제 무대에 서나', '언제 성공하나'… 그 질문들이 젊은 예술가의 마음을 가장 먼저 망가뜨립니다."

"백 선배는 어린 시절에 그 질문들을 피해 갈 수 있었는지요?"

"전혀 그렇지 않습니다. 저 역시 어릴 때부터 결과로

평가받는 환경 속에 있었습니다. 잘 쳤을 때만 칭찬을
받았고, 조금만 흔들리면 실망의 표정을 마주해야 했습니다.
그때 저는 음악을 사랑하기보다 음악을 인정받으려
했습니다. 지금 생각하면 제 인생에서 가장 위험한
시기였습니다."

"그 위험한 시기를 어떻게 지내오셨습니까?"

"어느 날 문득 이런 생각이 들었습니다. '이 결과가 나를
끝까지 데려다 줄 수 있을까?' 콩쿠르의 결과는 그날의
결과일 뿐입니다. 무대의 박수도 그날 밤이 지나면
사라집니다. 그때부터 저는 아주 단순한 질문 하나로 연습을
바꾸기 시작했습니다.

'오늘 나는 이 음악과 얼마나 오래 같이 있었는가'
잘 쳤는지보다 얼마나 진실했는지를 묻기 시작한 겁니다."

"그 변화가 연주를 실제로 바꾸었을까요?"

"완전히 바꾸었습니다. 결과를 목표로 할 때는 연습이 늘
불안했습니다. 하지만 과정을 목표로 하면서 연습이
조용해졌습니다. 하루에 열 시간씩 연습하지 않아도
괜찮았습니다. 대신 한 시간이라도 집중해서 듣는 연습을

했습니다. 그때부터 음악이 조금씩 제 편이 되기
시작했습니다.”

“그렇다면 지금의 젊은 청년들에게 가장 해주고 싶은 말씀은
무엇일까요?”

“‘지금 당장 결과가 없어도 괜찮다’라는 말입니다. 예술에서
늘는 것은 패배가 아닙니다. 오히려 자기 속도를 찾지 못한
채 빨리 가는 것이 가장 위험합니다.
쇼펜하우어가 말한 ‘승자’란 가장 먼저 도착한 사람이
아니라, 끝까지 자기 길을 잃지 않은 사람입니다.”

“너무 조급하고 결과만 보고 있는 한국의 부모들에게 이
말을 꼭 전하고 싶군요.”

“꼭 전해주십시오. 아이의 과정은 부모의 불안을 달래기
위해 존재하지 않습니다. 부모가 해줄 수 있는 가장 큰
용기는 아이에게 묻지 않는 것입니다. ‘언제 결과가
나오니?’가 아니라 ‘오늘은 음악이 어땠니?’라고 물어주는
것. 그 질문 하나가 아이의 인생을 완전히 바꿀 수
있습니다.”

쇼펜하우어는 인생을 낙관하지 않았다. 그러나 그는 속일 수 없는 진실을 남겼다. 결과에 집착하는 순간, 우리는 이미 자기 삶의 패자가 된다. 과정을 견디는 사람만이 마지막까지 음악을 놓지 않는다. 그리고 예술에서는 그 사람이 진짜 승자다.

10장

택시와 카디프 바다에서 나눈 대화들

우리는 또 택시를 불렀다. 카페 매니저가 콜을 하자 10분
뒤에 영국 특유의 고전적인 골동품 같은 차가 왔다.
카디프 만으로 가달라고 말했다.

"울릉도에서는 어떤 곡을 연주하셨었죠?"
"리스트의 베네치아와 나폴리, 베토벤 피아노 소나타 No.8
비창, 그리고 쇼팽의 야상곡 No.2였는데 저동항에 저녁
바람이 강해서 쇼팽 연주가 가장 어려웠어요. 400여 명의
관객들이 환호한 것은 베토벤의 비창이었어요. 섬사람들과
베토벤의 기운이 묘하게 잘 맞아요. 강하고, 고독하고,
견디는 가슴들이니까요."
"언젠가 다시 섬마을 콘서트를 하실 생각은 있으신가요?"
"해야죠. 섬은 지금도 나를 기다리고 있어요. 어떤
음악이라도 그들과 나누고 싶은 마음은… 나이가 들수록 더
깊어집니다."
그의 눈빛엔 오랜 세월 연주로만 길을 걸어온 사람들의
고요한 확신이 담겨 있었다.

피아니스트 백건우씨가 2011년 9월 21일 전북 부안군 위도
해수욕장에서 '섬마을 콘서트' 리허설을 진행하던 중
허공으로 퍼져나가는 자신의 피아노 선율을 느끼려는 듯
구름으로 장관을 이룬 하늘을 올려다보고 있다.
(문화일보 박민 기자)

20분 뒤에 내린 카디프 만은 잔잔했다. 구름이 조금 끼어 있었지만, 바다 위로 퍼진 어린 햇살은 오히려 분위기를 더 묵직하게 했다.

나는 한국의 바다가 떠올랐다.

"백 선배, 세월호 기억 나세요?"

"세월호는... 그 이후로 우리의 시간이 멈춘 사건이었죠."

그는 먼바다를 천천히 바라봤다. 카디프의 바다는 평화로웠지만, 그 평온 위로 오히려 한국의 슬픈 바다가 겹쳐 보이는 듯했다.

"그 배에는 제주로 수학여행을 오는 안산고 학생들이 339명이나 타고 있었는데, 진도 팽목항을 출발한 지 얼마 안 되어 갯골에서 침몰했잖아요. 물론 다 죽었고요."

"그래서 세월호 침몰 100일이 되는 날... 제주항 5부두에서 '영혼을 위한 소나타'를 연주했죠. 그날 바람 소리가 만만치 않았어요. 피아노 소리가 바람과 파도 소리에 흔들려 날아갔어요. 그런데... 나는 그게 더 맞다고 생각했어요."

그는 작은 목소리로 덧붙였다.

"음악이 바람에 흔들리는 게 아니라, 그날은 바람이 음악을 흔들어줘야 했으니까요."

나는 순간 말문이 막혔다.

"그날 연주가... 아이들한테 닿았을까요?"

"음악은 닿기 위해서 하는 게 아니에요. 그냥... 그날 우리가 할 수 있는 최선의 방식으로, 아픔을 향해 손을 내밀어 본 것이죠."

나는 말없이 고개를 숙였다. 그리고 물었다.

"세월호 이후에... 혹시 백 선배의 음악도 조금 변했나요?"

"...... 그날 이후, 더 조용해졌습니다. 더 깊어졌고... 더 인간을 향하게 되었죠."

그는 한참을 침묵했다가 조용히 미소를 지었다.

"아픔이 사람을 무너트리기도 하지만, 때로는... 사람을 사람으로 남게 해주기도 합니다."

카디프 만의 바람이 부드럽게 불었다. 그 바람 속에서 나는 베토벤이 청력을 잃은 뒤에도 음악을 써 내려간 이유, 그리고 백건우라는 한 예술가가 세상의 고통을 마주하면서도 여전히 건반 위에서 인간을 연주하는 이유를 조용히 이해하게 됐다.

어둠이 깃든 카디프 만에 한국의 바다, 슬픔의 바다, 인간의
바다가 겹쳐서 내 마음에 파도처럼 실려 왔다.

11장

웨일즈 숲길에서 들은 백건우, 윤정희의 사랑 이야기

카디프 바닷가에서 나눈 긴 대화의 여운을 간직한 채,
우리는 시내로 돌아왔다. 늦은 오후, 도심의 공기가
서늘해지고 어시장의 불빛이 하나둘 꺼지기 시작할 때,
우리는 골목 안 작은 카페로 들어갔다.
구석 자리에 앉아 라거 비어 두 잔을 시키면서 나는
백 선배의 얼굴을 조용히 바라보게 됐다. 성당에서 기도하던
순간에 보이던 구도자 같은 모습이 떠올랐기 때문이었다.

"백 선배... 아까 누님 생각했죠?"
나는 조심스럽게 물었다.
"그리고 누님이 떠난 후 세상 사람들이 백 선배를
비난했는데, 왜 그런 황당한 이야기들이 나왔는지..."
"사람들은요... 진실보다 이야깃거리를 더 빨리 믿습니다.
특히 누군가가 유명하다면, 그 삶이 더 복잡할 것으로
생각하죠."
그의 목소리는 담담했지만, 그 담담함 속에 얼마나 오랜
세월의 상처와 사랑이 스며있는지 나는 느낄 수 있었다.
"윤정희는... 마지막까지도 참 아름다운 사람이었어요. 내가

그 곁을 지킨 건... 의무가 아니라 사랑이었어요.

사랑은... 끝까지 사랑이니까.

아내가 떠나는 날, 딸 진희가 바이올린을 켜기 시작했죠.

조용히, 진짜 배우가 연기하듯이 옅은 미소를 지으면서 떠났어요.

많은 사람이 물어요. 왜 그렇게 헌신적이었냐고요. 하지만 그건 희생이나 헌신이 아니라... 내 삶의 일부였어요.

윤정희가 있었기에 나는 연주할 수 있었고, 내 음악의 절반은 그녀가 만든 거니까.”

나는 궁금해서 또 물었다.

“백 선배, 누님을 잃고... 더 깊어진 음악을 하고 있는 것 같은데요?”

그는 조용히, 그러나 아주 단단하게 말했다.

“음악은... 사랑을 잃은 사람의 마지막 언어니까요. 나는 이제... 음악으로만 그녀와 대화할 수 있어요.”

그 말에 나는 갑자기 너무나 슬펐다. 이제 카디프의 밤은 우리에게 너무나 다정해졌고, 덕분에 서로에게 말하지

않아도 충분히 전해지는 어떤 인간적인 진실을 공유하게
되었다.

그날, 나는 이렇게 느꼈다.
'사람은 잃어버린 사랑으로 철학자가 되기도 한다. 그러나
어떤 사람은 끝까지 지킨 사랑으로 더 깊은 예술가가 된다.
그리고 그 예술가가 바로 지금 내 앞에 앉아 있었다.
백건우가...'

카디프에서의 둘째 날 아침, 우리는 택시로 웨일스
민속마을로 갔다. 택시로 한 시간 거리에 있는 그곳은
200년, 300년 전의 웨일스 사람들의 집과 삶이 그대로
보존된 작은 세계였다. 돌로 쌓은 벽돌집에, 고풍스러운
굴뚝, 허리 굽은 문틀, 작업대 위에 얹힌 오래된 연장들...

토요일이라 그런지 아이들의 웃음소리가 숲 곳곳에서
울렸다. 가족을 위해 음식을 준비하는 아빠들의 모습,
아이가 달려와 손을 잡아끄는 엄마의 모습...
그 풍경 속엔 시간이 천천히 숨을 쉬고 있었고, 우리는
200년 전 당시의 학교와 마을 교회, 편의점과 카페, 치즈
공장 견학을 충분히 즐기고 있었다.

사람이 없는 숲길에 다다르자, 나는 조용히 그리고 진지하게
물었다.
"백 선배, 누님과 파리에서의 첫 시작은 어떠했는지요?"
"그때 우리는... 언론을 피하느라, 숨어 다녔어요. 그녀가
너무나 유명한 배우여서 소르본 대학에 파리 주재 특파원과

통신원들이 자주 찾아왔거든요. 그렇게 몰래 데이트를
하다가 몽마르트르 언덕의 좁은 골목길, 작은 벽돌집에
둘만의 보금자리를 만들었어요."
백 선배는 그때가 그리운지 눈가에 이슬이 맺혔고, 나는
가만히 듣고만 있었다.

"베토벤의 고향인 독일의 본과 연주회가 있던 오스트리아로
열차 여행도 자주 했어요. 너무나 행복한 시간이었어요.
그런데 사랑이라는 게... 참으로 이상해요. 이루어지는
사랑도 있지만, 끝까지 함께하는 사랑은 정말... 하늘이 주는
거예요. 비록 알츠하이머로 마지막엔 나와 딸 진희도 못
알아봤지만, 우리는 끝까지 서로를 사랑했으니까요."

나는 듣기 힘들 정도로 마음이 아파서 그냥 숲길만 보며
가만히 걸었다.
"백 선배, 그 사랑을... 사람들이 많이 알아요."
내 말에 백 선배는 말없이 미소만 지었다.

그날 우리는 종일 숲길을 이리저리 걸으면서 사랑과 음악과 삶에 관한 이야기를 끝없이 계속했다. 우리 둘이 느린 걸음으로 천천히 숲에서 나올 무렵, 내 마음속엔 이런 말이 울리고 있었다.

'이 사랑은... 음악처럼 오래오래 남겠구나.'

12장

이별의 순간,
베토벤 사후 200년

카디프의 밤 이틀째,
그리고 영국 기행의 마지막 밤

The
HUNTSMAN
NORTH PARADE
SALLY
LUNN
Eating H
1680

언제 또 올지 모를 카디프의 추억을 가슴에 새기기 위해 우리는 다시 카디프 성 근처 밤거리를 걸었다.

"이 피자집에 들어갈까요?"
백 선배가 토요일 밤, 청춘과 중년들로 꽉 찬 카페 거리에서 말했다. 깔끔한 가게 안은 젊은 남녀들로 가득 찼고, 구수한 피자 냄새가 코끝을 자극했다. 앉자마자, 백 선배가 말을 건넸다.
"이제 정말 1년 조금 넘게만 남았네요. 베토벤 서거 200년이."
그 말은 파도처럼 내 가슴에 깊숙이 들어왔다. 고개를 끄덕이는 내게 그가 계속해서 말했다.
"2027년 3월 26일… 전 세계인들이 베토벤을 떠올리겠지요. 내년 2026년은 그 전야제 같은 해가 될 거고요. 내게도 내년은 의미가 남달라요. 데뷔한 지 70주년이고 나이도 80이 되네요. 내 나름대로 파란만장한 인생을 정리한 자서전도 내고 싶고요."

"세월이 참 빠르네요. 처음 데뷔한 무대가 엊그제 같은데…"
그의 말과 미소에는 시간이 만든 깊은 골짜기와 빛났던
순간의 기억이 함께 섞여 있었다. 나는 조심스레 말했다.
"백 선배, 나는 내년에 명동성당 옆 삼일로창고 극장에서
'하일리겐슈타트의 침묵'이라는 연극을 올리고 싶어요.
베토벤이 절망을 떨치고 일어나서 새로운 인간으로
변모하는 순간, 그 힘을 관객들에게 전해주고 싶어요."
백 선배는 "좋은 구상이고, 꼭 보고 싶어요."라며 화답했다.
우리는 잠시 침묵하면서, 각자의 방식대로 이미 머릿속에서
무대를 만들고 있었다.

"백 선배, 그리고 내년 광복 81주년 특집으로 남태평양
팔라우에서 '백건우의 영혼을 위한 소나타 3' 공연을 하는
것은 어때요?"
"나는 베토벤의 음악이 꼭 가야 할 곳이라고 믿어요.
그곳에서 죽어간 한국인, 일본인, 미국인들… 전쟁으로
희생된 70만의 영혼들에 이 음악을 바치고 싶어요."

그는 잠시 눈을 감았지만, 말은 이어졌다.

"남태평양 곳곳에서 포탄을 나르다 쓰러진 한국인들… 정신대로 갔다가 돌아오지 못한 꽃다웠던 소녀들… 그리고 아직도 팔라우에 남아 있는 전쟁터의 상흔들… 그 모든 이들의 넋과 자연과 바다를 위로하는 공연이 되었으면 해요."

나는 순간 목이 메어 아무 말도 할 수 없었다. 그는 다시 말했다.

"음악은 결국 인간의 고통을 품어야만 진짜 음악이 되거든요. 베토벤도… 브렌타노도… 내 연인 윤정희도. 고통과 사랑 속에서 더 깊어져요."

나는 테이블 위에 놓인 와인잔을 만지작거리며 물었다.

"백 선배에게 베토벤 200주년이란… 어떤 의미인가요?"

백 선배의 숨소리가 조용히 들렸다.

"내가 평생 걸어온 길의 끝이자, 또 다른 시작이지요.

베토벤은 200년 동안 인간의 절망을 건너 사랑을 건넸고,
나는 그 음악을 평생 따라가며 내 삶의 의미를 조금씩
배웠지요."

우리는 밤늦게 카페를 나와 숙소로 향했다. 갑자기
백 선배가 내 어깨를 가볍게 두드렸다.
"이번 여행... 참 좋았어. 바쓰와 카디프, 성당, 바다...
베토벤과 아내 윤정희 생각이 많이 떠올랐어요."
"백 선배, 베토벤과 누님이 그렇게 좋아요?"
"사랑은 없어지지 않아요. 형태만 바뀌지."

이 한마디에 더 이상의 말이 필요하지 않았다.
나는 생각했다.
다가오는 2027년 3월의 베토벤 200주년, 그 거대한 시간
앞에서 우리 둘이 이 여행을 함께 했다는 사실, 그 자체가
이미 음악처럼 아름다운 선율이었다는 것을...

에필로그

4박 5일간
영혼을 함께하다

다음 날 아침, 우리는 카디프역에서 패딩턴으로, 그리고
유로스타를 타기 위해 런던 세인트 판크라스 역으로
이동했다.

드골 공항에서 인천행 비행기를 타려면 빠른 유로스타를
타야 했고 토요일이라 표 구하기가 쉽지 않았다. 백 선배가
세시 표 한 장, 네시 표 한 장을 사 왔다.

우리는 서로를 한 번씩 껴안으며 헤어짐을 아쉬워했다.
백 선배와 함께했던 4박 5일이 정신없이 흘렀던 터라, 혼자
파리 북역행 유로스타 좌석에 앉으니 마음 한쪽이
출렁거렸다.

드골공항 대합실에서 커피에 샌드위치를 먹고 있는데
카톡이 왔다.
"드골에 잘 도착했는지요? 이번 여행 참 좋았습니다."
짧은 문장이었지만, 우리가 함께 나눈 시간의 온기가 그대로
묻어 있었다.

일주일 후 나는 백 선배에게 카톡을 보냈다. 경북 산불
200일 추모 연주회를 고운사에서 하고 싶다고... 한 치의
망설임도 없이 카톡 답장이 바로 왔다.
"그분들을 위해서라면... 제가 가야지요."
그 말 안에는 음악가로서의 책임, 인간으로서의 연민,
그리고 윤정희 누님을 떠올리게 하는 묵묵한 사랑의 느낌이
담겨 있는 듯했다.

그리고 10월 11일 토요일 오후, 의성 산불로 깨져버린
범종 앞, 검게 불탄 흔적이 아직도 사방에 남아있는 바로 그
자리에서 백건우의 피아노 선율이 고운사 마당 전체를
감싸안기 시작했다.

바람에 실린 건반 소리, 산불로 가족과 집을 잃은 사람들의
눈물, 그리고 스님들의 염원까지... 하나의 음악이 하나의
공동체를 품었던 밤이었다.

연주회 소식은 10월 초부터 전국 신문에 보도되었고,
TV조선에서 50분 분량의 특집 다큐멘터리로 제작되어
방송됐다. 시청자들은 건반 앞의 한 거인이 보여준 침묵과
울림, 그리고 고요 속의 위로를 오래도록 기억했다.

나는 그날을 '건반 위의 철학자가 남긴 가장 순결한 위로의
시간'이었다고 부르고 싶다.
베토벤이 그랬고, 백건우도 그랬듯 고통과 절망의 뒤편에서
음악은 언제나 인간에게 가장 깊은 빛을 건네고 있었다.

2025년 겨울, 김재철

베토벤 사후 200년,
베토벤에게 묻고 또 묻는
백건우

우리는 어디서 왔는가? 우리는 무엇인가? 우리는 어디로 가는가?
D'où venons-nous ? Que sommes-nous ? Où allons-nous?
폴 고갱, 1897-1898

탄생에서 죽음에 이르는 인간 존재의 순환을 하나의 화면에 펼쳐 보인 고갱의 대작.
문명 이전의 순수와 인간 존재의 근원적 질문을 동시에 던진다.

1 고갱의 색깔이 있는 바다,
사량도 바다를 앞에 두고

김재철   백 선배, 오늘 연주 끝나고 나서도 베토벤이 계속 들리는 것
같아요. 저 파도가 자꾸 박자를 만들어요.
백건우   이 섬에서는 음악이 멈추질 않아요. 연주를 끝내도, 바다가
계속 이어서 연주하거든요.
윤정희 그래서 여긴 영화 같아요. 엔딩 크레딧이 아직 올라가지 않은
장면.

바다는 낮게 숨을 쉬고 있었다.
파도 하나가 밀려왔다가 조용히 사라졌다.

김재철   사량도에 와서 이 바다 색깔을 보고 있으면 고갱이 생각나요.
너무 선명하고 강렬한 빛이 나니까요.
백건우   고갱은 설명을 버린 사람이에요. 대신 결단을 택했어요.
이 색으로 가겠다고.
윤정희   맞아요. (바다에서 눈을 떼지 않은 채) 고갱의 그림은 마치
영화의 라스트 씬 같아요. 말은 끝났는데, 아직 감정이 남아있는 장면.
백건우   베토벤의 후기 음악도 그래요. 특히 마지막 소나타들…
클라이막스를 만들 생각이 없어요. 이미 다 겪은 사람이 남긴
마지막 컷이죠.
김재철   그래서 들을수록 질문이 없어지는 것 같아요.
백건우   정확해요. 젊은 음악은 질문을 던지지만, 후기 음악은 그냥
존재하고만 있어요.

윤정희 누님이 미소 지었다.

윤정희　배우도 나이가 들면 비슷해요. 연기하려고 하지 않아도,
카메라 앞에 서 있기만 해도 되는 순간이 와요.

바람이 불어왔다. 바다는 고갱의 파랑과 베토벤의 침묵을
섞어 우리 앞에 펼쳐 놓았다.

김재철　그럼 저 불타는 노을은...
윤정희　라스트 씬이죠.
백건우　하지만 여운은 길어요.

우리는 더 이상 말을 하지 않았다. 말이 필요 없었다. 음악과
고갱의 그림과 바다가 이미 알려주고 있었으니까. 사량도의
여름 밤은 그렇게, 소리 없는 엔딩으로 흘러가고 있었다.
나는 고갱의 그림이 갑자기 너무 보고 싶었다. 특히 죽음과
사유를 상징하는 '우리는 어디서 왔는가'에 대한 작품들이...

백건우가 찍은 윤정희 사진

2 마리아 조앙 피레스와 미츠코 우치다에 관하여

김재철　　백 선배, 베토벤을 연주하는 여성 피아니스트를
이야기하자면 결국 두 이름으로 좁혀지는 것 같습니다. 피레스와
미츠코 우치다인데요, 이 두 사람이 베토벤 해석의 '새로운 여성적인
스타일'을 만들었다고 봐도 될까요?

백건우　　네, 그렇게 말해도 됩니다. 이 두 사람은 베토벤을 잘 연주한
연주자가 아니라, 베토벤을 다르게 살아낸 연주자라고 봐야 합니다.
그리고 공통점이 분명합니다. 둘 다 베토벤을 영웅으로 만들지
않았습니다.

김재철　　그 점이 남성 연주자들의 전통적인 베토벤 연주 방식과 가장
크게 다른 지점일까요?

백건우　　그렇습니다. 오랫동안 베토벤은 '극복', '투쟁', '의지',
'승리'의 상징이었습니다. 강한 터치에 큰 스케일, 분명한 결론을 향해
가는 음악. 피레스와 우치다는 그 서사를 조용히 내려놓았습니다.
베토벤을 '이겨낸 인간'이 아니라, '견디고 있는 인간'으로 되돌려
놓았지요.

김재철　　먼저 피레스부터 이야기해 보고 싶습니다. 피레스의
베토벤은 늘 '작다'라는 인상을 줍니다. 하지만 이상하게 그 여운이
오래 남습니다.

백건우　　피레스는 베토벤을 설명하지 않습니다. 그는 고통을 강조하
지도, 위대함을 증명하려 하지도 않습니다. 피레스의 연주에는 이런
태도가 있습니다. '이 음악은 이미 충분히 무겁다. 내가 더 얹을 필요는
없다'. 그래서 템포는 자연스럽고, 프레이즈는 숨쉬듯 이어집니다.

김재철　　그렇다면 피레스의 베토벤은 어떤 단어로 정의할 수 있을까요?

백건우　　저는 '비 영웅적 베토벤'이라고 부릅니다. Op. 110이나 Op. 111을 들어보면 승리의 선언이 아니라 하루를 버틴 사람의 저녁 같은 느낌이 있습니다. 피레스는 베토벤을 '위대한 작곡가'로 연주하지 않고 '오늘을 살아낸 인간'으로 연주합니다.

김재철　　반면 우치다는 전혀 다른 결을 가지고 있습니다. 아주 치밀하고, 차갑고, 사유적입니다.

백건우　　맞습니다. 우치다는 베토벤을 감정으로 접근하지 않습니다. 그는 베토벤을 사고의 구조로 읽는 연주자입니다. 모든 음에는 이유가 있고 모든 침묵에는 의도가 있습니다. 그래서 우치다의 베토벤은 단 한 음도 우연처럼 들리지 않습니다.

김재철　　우치다의 베토벤은 연주자가 사라지고 악보만 남는 느낌이 듭니다.

백건우　　아주 정확한 표현입니다. 우치다는 자신을 앞에 세우지 않습니다. 오히려 연주자가 사라진 듯 투명하게 만듭니다. 그 결과 베토벤의 음악이 '말'이 아니라 '사유의 시간'으로 들립니다. '이 사람은 침묵까지 연습했구나' 하는 생각을 하게 됩니다.

김재철　　피레스와 우치다는 전혀 결이 다른데도 하나의 계보처럼 보이는데 왜일까요?

백건우   둘 다 베토벤 앞에서 자기를 증명하지 않기 때문입니다.
방식은 달라도 태도는 같습니다. '베토벤은 나를 빛내기 위한 음악이
아니다'. 이 태도가 여성 피아니스트로서 베토벤 해석의 새로운 기준을
만들었습니다.

베토벤은 크게 연주해야만 위대한 것이 아니라,
정직하게 연주할 때 비로소 열린다.
피레스와 우치다는 그 사실을 자기 연주로 증명했다.

김재철   손열음을 비롯한 한국의 여성 피아니스트들도 베토벤을
꾸준히, 깊이 연주하고 있습니다. 그런데 기술이나 완성도와는
별개로, 이들이 앞으로 더 나아가기 위해 반드시 배워야 할 것이
있다면 무엇일까요?
백건우   아주 중요한 질문입니다. 지금 한국의 여성 피아니스트들은
기술적으로 이미 세계 정상급에 와 있습니다. 리듬, 터치, 구조 이해,
어느 하나 부족하다고 말하기 어렵습니다. 하지만 베토벤은 그 다음을
요구합니다. 베토벤은 '어떤 태도로 이 음악 앞에 서는가'를 묻는
작곡가입니다.

3 가장 어려웠던 순간,
그때를 말하다

김재철   이제 데뷔 70주년에 80세를 맞습니다. 긴 인생에서 가장
어려웠던 순간은 언제였는지요?

백건우   1977년 7월 29일입니다. 평소 잘 알았던 재불화가 이응노
화백과 부인 박인경 씨가 스위스의 취리히로 초청했어요. 스위스의
백만장자 미하일 파블로비크가 연주회를 마련했다고 했고요. 아내인
윤정희와 당시 태어난 지 5개월 반밖에 안 된 딸 진희를 데리고 갔죠.
그런데 박인경 씨가 연주 장소가 유고구 유고슬라비아의 자그레브로
변경됐다고 해서 갔다가 잠시 한 동양인이 거주하는 집으로
안내됐고요. 다시 공항으로 갔는데 '조선 민항'이라고 한글로 쓰인
항공기 한 대를 보게 되었고, 위험을 직감했어요. 택시로 바로 미국
영사관으로 가서 화를 면했습니다.

김재철   이 사건 이후 홍콩에서 영화배우 최은희 씨와 신상옥 감독의
납치 사건이 일어났는데요?

백건우   뉴스를 보고 말로 표현하기 어려운 충격과 공포를
느꼈습니다. 이 사건을 보면서 저와 아내 모두 예술가 이전에
한 인간으로서의 안전을 가장 먼저 생각하게 되었습니다.

김재철   그 위기를 지나며 백 선배의 음악이나 삶의 태도에도 변화가
있었는지요?

백건우   예술은 자유가 있을 때만 존재할 수 있습니다. 자유를 빼앗긴
예술은 선전의 도구일 뿐 음악이 되지 않습니다.

김재철   이와 관련해 한국의 젊은 예술가들에게 어떤 말을 해주고
싶으신가요?

백건우　　예술가에게 가장 중요한 것은 재능도, 성공도 아닙니다. 자기 삶의 주인이 되는 것입니다.

예술가의 위기는 무대에서 오지 않는다.
숨겨진 뜻밖의 장소와 인간관계에서 조용히 다가온다.
위기를 넘기고 끝까지 자유를 지켜낸 사람만이
음악을 음악으로 남길 수 있다.
백건우의 베토벤이 조용하지만 단단한 이유는
그가 자유의 값을 이미 알고 있기 때문이다.

1977년 유고슬라비아에서 무사히 탈출한 직후의 백건우, 윤정희 부부

4 베토벤 사후 200주년을 앞두고
후배들에게

김재철 　요즘 조성진, 임윤찬을 비롯한 젊은 한국의 피아니스트들이 세계적인 한류 속에서 국내외 클래식 팬들에게 큰 사랑을 받고 있습니다. 백 선배는 이 현상을 어떻게 보시는지요?

백건우 　기쁘고, 또 조심스럽습니다. 환호는 축복이지만, 동시에 또 하나의 시작이기도 하니까요. 음악은 유행보다 오래 살아야 합니다. 한류는 바람이고, 음악은 뿌리입니다. 바람이 불 때일수록 뿌리는 더 깊어져야 합니다.

김재철 　젊은 연주자들은 세계 무대에 더 빨리 서고, 더 빠르게 이름을 알립니다. 이 속도에 대해 어떤 말씀을 해주고 싶으신가요?

백건우 　속도는 문제가 아닙니다. 문제는 속도가 생각을 앞지를 때입니다. 베토벤은 단 한 곡을 위해 자기 삶 전체를 내걸었습니다. 지금의 젊은 연주자들이 콩쿠르의 결과가 아니라 악보 한 페이지를 위해 과연 밤을 새우는지, 그걸 저는 보고 싶습니다.

김재철 　2027년 3월이면 베토벤 사후 200년입니다. 백 선배에게 베토벤은 어떤 존재였습니까?

백건우 　베토벤은 '위대한 작곡가' 이전에 한 인간의 기록입니다. 청력을 잃고도 세상을 원망하지 않고 자신을 단련한 사람이지요. 그의 소나타는 연습곡이 아니라 인간 수업입니다.

김재철 　후배 피아니스트들이 베토벤을 연주할 때 가장 경계해야 할 것은 무엇일까요?

백건우 　베토벤을 '이해했다'라고 말하는 순간입니다. 베토벤은 평생 이해가 되지 않는 작곡가입니다. 오늘 읽은 악보와 10년 뒤 다시 읽는 악보는 완전히 다른 얼굴을 하고 있지요. 그래서 저는 늘 '아직도 모르겠다'라는 마음으로 건반에 손을 올립니다.

김재철   젊은 연주자들에게 지금 꼭 해주고 싶은 한마디가 있다면요?

백건우   당신이 연주하는 음악보다 당신이 어떤 인간으로 살아가느냐가 결국 소리에 드러난다는 사실을 잊지 말았으면 합니다. 연주는 인생의 그림자입니다. 삶이 얕으면 소리도 얕습니다.

김재철   콩쿠르의 횟수와 유튜브 조회수 등이 연주자의 평가 지표가 되는 시대입니다.

백건우   숫자는 기록일 뿐, 가치는 아닙니다. 베토벤의 후기 소나타를 들으며 '이 곡은 처음이 왜 이렇게 시작되는지' 하고 묻는 사람은 없습니다. 시간은 언제나 진짜와 가짜를 가려냅니다.

김재철   백 선배가 평생 지켜온 연주자의 태도는 어떤 것인가요?

백건우   무대에 오르기 전 늘 같은 질문을 합니다. '오늘 나는 이 음악 앞에서 정직한가?' 정직하지 않으면 아무리 화려해도 피아노에서 울리는 소리가 거짓말을 합니다.

김재철   베토벤 사후 200년을 맞는 시대에 한국의 젊은 유명 피아니스트들이 어떤 음악가로 기억되기를 바라시나요?

백건우   '잘 치는 연주'가 아니라 음악 앞에서 겸손했던 사람들, 자기 이름보다 작곡가의 고통과 기쁨을 먼저 생각했던 사람들로 기억되면 좋겠습니다. 그것이면 충분합니다.

베토벤은 죽은 지 200년이 되었지만,
여전히 우리에게 묻고 있다.
'너는 어떻게 살았는가?'하고.
그 질문에 건반으로 답하려는 사람들,
그들이 바로 다음 세대의 진짜 거장이 될 것이다.

5 음악을 배우러 떠난다는 것

김재철 　　백 선배는 없는 시간을 쪼개서 한국의 젊은 학생들과 피아니스트들을 초대해 연수회나 캠프를 열었습니다. 왜 그렇게 오랫동안 캠프를 열어왔는지 궁금합니다.

백건우 　　음악은 혼자 연습실에서만 배울 수 있는 것이 아니기 때문입니다. 악보는 방 안에서도 읽을 수 있지만, 음악이 태어난 공기는 직접 마셔보지 않으면 알 수 없습니다. 젊은 연주자들이 자기 재능을 증명하러 오기보다 '음악 앞에서 한 인간으로 서 보는 경험'을 한 번쯤은 꼭 해보길 바랐습니다. 그래서 저는 가르치러 부른 것이 아니라 같이 시간을 보내기 위해 (그들을) 불렀습니다.

김재철 　　그 연수회나 여름, 겨울 캠프에서 늘 강조하는 내용이 있다면 무엇이었을까요?

백건우 　　'여기서는 잘 치려고 하지 말아라'. 학생들은 처음엔 이 말을 이해하지 못합니다. 너무 오랫동안 '잘 치는 것'만 요구받아 왔기 때문입니다. 캠프에서는 콩쿠르도 없고, 순위도 없고, 비교도 없습니다. 대신 이 질문 하나만 남깁니다. '이 음악이 지금 너에게 무엇을 요구하는가.'

김재철 　　그렇다면 기술이나 해석보다 더 중요하게 보시는 것은 무엇일까요?

백건우 　　자기 속도로 듣는 능력입니다. 요즘 학생들은 너무 빨리 판단합니다. 빨리 이해하고, 빨리 결론을 내립니다. 하지만 음악은 속도를 늦출수록 다른 얼굴을 보여줍니다. 그래서 저는 프랑스의 작은 도시에서 특별한 일정도 없이 며칠을 보내게 하기도 합니다. 산책하고,

미술관에 가고, 카페에 앉아 아무 말도 하지 않는 시간, 그 시간이 지나고 나서야 연주가 달라지는 학생들이 분명히 있습니다.

김재철　혹시 부모님들이 이 같은 방식에 실망한 적은 없는지요?

백건우　감사하다는 인사가 대부분이죠. 부모님들이 그동안 지친 거죠. 아이를 위해 모든 것을 걸었는데, 아이의 표정이 점점 굳어가는 걸 보면서 어찌해야 하느냐고 고민이 많았던 거죠. 캠프가 끝난 뒤 부모님들이 가장 많이 하시는 말은 이겁니다. '아이 얼굴이 다시 살아났습니다'. 그것이면 저는 충분합니다.

김재철　연수회가 끝날 무렵 학생들에게 남기는 말이 있는지요?

백건우　'음악을 너의 인생보다 앞에 두지 말아라'. 음악은 당신 삶을 대신 살아주지 않습니다. 당신이 어떻게 살아왔는지를 보고 살아온 그만큼만 울려줍니다. 그래서 실패한 날, 외로운 날, 아무것도 잘되지 않는 날이 사실은 가장 중요한 연습입니다. 그걸 버리지 말라고 (학생들에게) 말합니다.

김재철　2027년 3월 26일은 베토벤 서거 200년이 되는 날입니다. 이 뜻깊은 해에 독일과 오스트리아로 젊은 청년 예술가들과 함께 음악 여행을 떠나는 것은 어떨까요?

백건우　꼭 필요한 여행입니다. 베토벤은 악보로만 존재하지 않습니다. 그가 걸었던 거리, 머물렀던 방, 침묵했을 풍경 속에 아직 남아 있습니다. 젊은 연주자들이 빈의 골목을 걷고, 본의 공기를 마시고, (베토벤이) 자살을 생각했던 하일리겐슈타트 숲속에 아무 말 없이 서 보는 경험. 그건 레슨으로는 절대 가르칠 수 없는 것입니다.

김재철   그 음악 여행의 핵심은 무엇이어야 할까요?
백건우   연주를 잘하게 만드는 여행이 아니라 침묵을 견디게 하는
여행이면 좋겠습니다. 베토벤은 귀가 들리지 않는 상태에서 가장 깊은
음악을 만들었습니다.

백건우는 다음 세대를 끌어당기지 않는다.
앞에 서지도 않는다.
그는 다만 조금 앞서 걸어간다.
그리고 뒤를 돌아보면서 조용히 말한다.
'서두르지 말아라. 음악은 도망가지 않는다'.
2027년, 베토벤 사후 200년의 길 위에서 그 말은
다음 세대의 발걸음이 될 것이다.

6 베토벤 이후 200년, 음악은 인간을 구하는가

김재철   백 선배, 베토벤 사후 200년을 앞둔 지금도 우리는 여전히 그의 음악 앞에서 말문이 막힙니다. 기술도, 시대도 모든 것이 변했는데 왜 베토벤만은 우리에게 변하지 않고 존재할까요.

백건우   아마도 베토벤의 음악이 '아름답기' 때문만은 아닐 겁니다. 그는 삶을 미화하지 않았거든요. 고통을 그대로 들여다보았고, 그것을 음악으로 보여준 것이죠. 그래서 그의 음악은 시대를 초월해 우리를 불편하게 만들고, 동시에 살아있게 하지요.

김재철   백 선배 말에서 니체가 떠오릅니다. 바그너와 니체, 이 두 사람은 베토벤에 깊이 심취한 인물이었지요. 특히 니체는 "오직 음악만이 인간의 영혼을 구한다"고까지 말합니다. 철학자가 음악을 구원의 언어로 말한다는 게 인상적입니다.

백건우   니체에게 음악은 개념 이전의 것이었어요. 말로 설명되기 전에, 이미 몸과 신경을 흔드는 힘. 그는 그 힘을 '디오니소스적'이라고 불렀지요. 이성, 질서, 균형을 상징하는 아폴로 이전에, 삶 그 자체의 넘침과 혼돈을 끌어안는 힘 말입니다.

김재철   니체의 〈비극의 탄생〉을 보면 비극은 고통을 제거하는 예술이 아니라 고통을 긍정하는 예술이라고 말하지요. 저도 그 대목을 읽을 때마다 베토벤을 떠올리게 됩니다. 귀가 들리지 않는 음악가, 그것도 점점 완전히 침묵에 가까워지는 운명 앞에서 그는 무너지는 대신 더 음악 앞에 격정적으로 나아갔으니까요.

백건우   그렇습니다. 베토벤은 고통을 '극복했다'기 보다는, 고통과 함께 작곡했습니다. 그 차이가 중요해요. 고통을 없애려 하지 않고,

고통을 삶의 일부로 끌어안는 태도. 그것이 디오니소스적인
태도이지요.

김재철   니체는 바그너를 통해 베토벤을 이해하게 된 것인가요?

백건우   네, 젊은 니체에게 바그너는 베토벤으로 가는 문이었습니다.
바그너는 베토벤을 '절대 음악의 완성'이자 '미래 음악의 출발점'으로
보았지요. 그래서 니체는 점점 바그너의 음악에서 연극성, 과잉된
감정, 권력의 냄새를 느끼게 됩니다. 반면 베토벤에게서는 끝까지
인간이 남아 있었어요.

김재철   그래서일까요. 니체는 결국 바그너와 결별하지만,
베토벤과는 결별하지 않습니다. 오히려 더 깊이 존경하게 되지요. 저는
그 이유가 베토벤의 '침묵'에 있다고 생각합니다. 말할 수 없는 상태,
들을 수 없는 상태에서 그는 음악을 만들었습니다. 그것은 거의 철학적
실존의 문제처럼 느껴집니다.

백건우   맞아요. 베토벤의 후기 작품을 연주하다 보면, 거기에는
설득하려는 음악이 없습니다. 갈등을 강요하지도 않아요. 그냥
존재합니다. 니체가 말한 디오니소스적 예술은 바로 그런 겁니다.
의미를 설명하지 않고 삶을 정당화하지도 않으면서, 그럼에도 "살아도
좋다"고 말하는 힘 말입니다.

김재철   흔히 니체의 〈초인〉을 강한 인간, 위대한 인간으로
오해하지만, 니체가 말한 초인은 고통을 제거한 인간이 아니라 고통을
견디는 인간, 나아가 고통을 자기 것으로 만들어 버린 인간에
가깝지요. 저는 이 개념 역시 베토벤의 삶을 보며 구체화한 것이

아닐까 하는 생각이 듭니다. 하일리겐슈타트의 숲을 걸으면서요.

백건우　　후배님의 생각에 나도 공감합니다. 베토벤은 운명을 미워했지만, 그 운명에 패배하지는 않았어요. 니체가 말한 초인은 바로 그런 태도를 가진 인간이라고 생각됩니다.

LA SONATE
SVR LES CIMES DANS L'ANGOISSE ET LE REVE DRAME LYRIQVE OV POEME LA MVSIQVE S'EFFORCE VERS VN PVR IDEAL

"러시아 피아니스트보다 더 러시아적인 라흐마니노프,
프랑스 음악의 정통성을 온전히 구현한
라벨의 진정한 해석."

"탁월한 음색의 다양성과 강력한 에너지,
그 안에 공존하는 내면의 투명성."

"현대 음악의 명료함과 낭만적 화려함 사이에서
절묘한 균형을 이루는 희귀한 예술가."

뉴욕 타임즈

"전설의 유령마저 울릴 만큼
거대한 폭풍을 만들어내는 피아니스트."

Le Figaro 프랑스 일간지

"듣는 이를 숙연하게 만드는 힘,
영적이고 초월적인 경험을 선사하는 피아니스트."

르네 마르탱 라 로크 당테롱 페스티벌 총괄기획자

"백건우의 리스트 연주는 청중을 작품의 심장 깊숙한
곳으로 끌어들여 그 심장 박동을 직접 느끼게 하는
불가사의한 여행과도 같다."

브리트 마생 프랑스 일간지 Le Matin 음악평론가

"마음과 기술, 그리고 몸까지 모두 성숙의 극치에 이른 지금,
백건우는 현역 연주자들 가운데서도
최고의 거장 가운데 한 명으로 자리하고 있다."

타카쿠 사토루 일본 음악평론가

"끊임없이 연구하고 몰두하며 고뇌하고 파고드는
그의 구도자적 풍모 속에서
나는 베토벤을 보았다."

김대진 피아니스트

"구도자의 옷을 잠시 벗고 어린아이처럼
건반 앞에 앉은 백건우의 모차르트는,
관록과 순수의 경계에서 탄생한, 천연 그대로의 음악이다."

이진섭 아르떼 칼럼니스트

"작은 음을 세공하듯 빚어내는 그의 피아니시모는
어떤 보석과도 바꿀 수 없는, 백건우만의 필살기다."

장일범 음악평론가

"닿고자 했던 영원에 대한 열망, 사라짐에 대한 두려움,
존재의 슬픔과 남루함이 깊은 밤하늘처럼 어두웠다.
백건우의 피아노는 이 어둠을 뚫고 지나가면
빛이 있을 것이라고, 지친 우리의 영혼을 껴안고
찬란한 슬픔을 오롯이 마주하게 했다.

김나희 음악평론가, 〈월간 객석〉

"리허설 중 사진을 찍으며 혹시 셔터 소리가
방해가 되지 않을까 조심스러워하자,
그는 뜻밖에도 이렇게 말했다.
'걱정 마세요. 저에게는 피아노 소리만 들립니다.'"

이은주 사진작가

아, 피아노는 슬픔이 아니구나.
기쁨이며 환희이며 아름다움이구나.
인간이 피아노 앞에서 저렇게 늠름하고
당당하고 멋질 수가 있구나.
파도처럼, 강풍처럼 내 마음을 휘젓고 다니는
백건우의 손이 만들어 내는 피아노 소리들은
나를 벅찬 감동 속으로 휘몰아 넣었다.
그의 외모는 상냥하고 자상해 보이는데,
피아노 앞의 그는 산맥을 질주해 내려오는 사자 같았다.
손으로 저런 소리를 낼 수 있다니.
감탄과 함께, 뭇 인간의 손에 대한 신뢰가 동시에 싹텄다.

신경숙 소설가

"당신을 위해 기도하겠습니다."

파리의 한 성당 앞, 어느 청중

백건우 연보

Kun-Woo Paik Chronology

1946. 5. 10
대한민국 서울 출생

1956
김생려 지휘의 국립교향악단과 협연하여
그리그 피아노 협주곡으로 데뷔.
이후 무소륵스키 '전람회의 그림' 등 주요 작품 다수 연주.

1961
미국 뉴욕에서 열린 제1회 드미트리 미트로풀로스 콩쿠르에서
특별상 수상.
콩쿠르 주최자 한나 색슨의 권유로 도미, 줄리아드 음악원에서
로지나 레빈 사사.
어려운 형편 속에서도 학업을 이어감.

1965
뉴욕 예술고등학교 입학.

1965–1971
줄리아드 음악원 재학, 디플로마 취득. 로지나 레빈 사사.
런던에서 일로나 카보스, 이탈리아에서 빌헬름 켐프와
귀도 아고스티에게 추가 사사.

1967
나움부르크 국제 피아노 콩쿠르 우승.

1969
리벤트리트 콩쿠르 결선 진출.
부소니 국제 피아노 콩쿠르 수상.

1971
뉴욕 발터 나움부르크 국제 피아노 콩쿠르 1위.
조셉 레빈 상, 프란츠 리스트 상 수상.
뉴욕 링컨센터 앨리스 툴리 홀에서 독주회 개최.

1972
뉴욕 링컨 센터에서 라벨 피아노 독주곡 전곡 연주.
줄리아드 학부 중퇴 후 유럽 활동 시작.
제임스 콘론 지휘로 뉴욕 오케스트라와 협연.
독일 뮌헨에서 윤이상 오페라 〈심청〉 공연 중 윤정희와 첫 만남.

1974
런던 위그모어 홀에서 3회 연속 리사이틀로 런던 데뷔.
프랑스에서 유학 중이던 윤정희와 우연히 재회, 교제 시작.

1974–1975
런던 위그모어 홀(1974), 베를린 필하모니(1975) 독주회.

1976
결혼.

1977

아내와 갓난아기 딸 포함 일가족이 구 유고슬라비아 자그레브에서
북한에 의한 납치 시도, 미국 영사관 도움으로 위기 모면.

1987

BBC 프롬스 폐막무대 초청, BBC 심포니 오케스트라와 협연.

1991

프로코피예프 탄생 100주년 기념 음악회,
폴란드국립방송교향악단과 프로코피예프 5개 피아노 협주곡
전곡 연주.

1992

스크랴빈 피아노 작품집 발매,
디아파종 도르(Diapason d'Or, 프랑스 디아파종 황금상) 수상

1993

프로코피예프 피아노 협주곡 전곡집 발매로
프랑스 3대 음반상 동시 수상.
프랑스 디나르(Dinard) 에메랄드 코스트 음악축제(Emerald Coast Music
Festival) 음악감독 취임, 이후 21년간 재임(1993–2014)

1996

보르도 오케스트라와 바르톡 피아노 협주곡 3곡 전곡 연주

1997

스베틀라노프 지휘, BMG 레이블로 라흐마니노프 협주곡 전곡 녹음

1998

RCA 레이블에서 라흐마니노프 협주곡 음반 발매

("러시아인보다 라흐마니노프를 잘 이해한다"는 평가 획득)

2000

데카 클래식과 계약, 부조니 편곡 바흐 오르간곡집, 포레·쇼팽 등
다양한 음반 발매.
프랑스 정부로부터 예술문화기사훈장 슈발리에 수여.
호암상 예술부문상 수상.

2001

포레 피아노 소품집(Decca) 음반 발표

2003

프로코피에프 서거 50주년 기념 투어

(베를린, 밀라노, 부다페스트, 베이징, 도쿄, 서울, 니스, 세비야 순회)

2004

중국 필하모닉 초청 협연

(라흐마니노프 콘서트 협연, 펜데레츠키 지휘, 신작 피아노협주곡 연주)

2005–2007
베토벤 피아노 소나타 32곡 전곡집 발매 및 연주.
베토벤 피아노 소나타 전곡 리사이틀 무대.

2009
제5회 경암학술상(예술 부문) 수상
뉴욕 카네기홀 독주회
— Stern Auditorium / Perelman Stage 리사이틀 공연
(브람스·베토벤 중심 프로그램)

2010
브람스 피아노 협주곡 1번 및 변주곡 발매 (도이치 그라모폰).
대한민국 은관문화훈장 수여 (2등급).

2011-2013
'섬마을 콘서트' 투어
(연평도·위도·욕지도, 울릉도·사량도 등. MBC 다큐 제작)

2014
세월호 사고 100일 추모공연 — '영혼을 위한 소나타' 개최

2015
스크랴빈 24개 전주곡 전곡 및 라흐마니노프 소나타 1번 연주

2016

60년 연주 활동 기념 〈백건우의 선물〉 리사이틀 개최,
관객 사연과 신청곡 연주.

2019

쇼팽 녹턴 전곡 음반 발매 (도이치 그라모폰),
〈백건우와 쇼팽〉 리사이틀 투어 15개 도시 성료.

2020

슈만 피아노 작품 신보 발매.
〈백건우와 슈만〉 리사이틀 투어 진행, 국내외 주요 도시에서 연주.

2021

12월 6일 파리 샹젤리제 극장에서 〈백건우와 친구들〉 콘서트 개최.
코로나 팬데믹으로 일부 공연 제한에도 온라인 스트리밍 및
소규모 초청 리사이틀 진행.
일부 연주와 마스터클래스 영상 공개를 통해 젊은 피아니스트 후학 지도.

2022

그라나도스 〈고예스카스〉 음반 발매 (도이치 그라모폰).
11월 4일 싱가포르 빅토리아 콘서트홀에서 고예스카스
전곡 리사이틀 개최.
프랑스, 독일 등 유럽 주요 도시에서 독주회 개최.

2023
유럽과 아시아에서 여러 마스터클래스 및 특별 연주회 개최.
국내 주요 도시에서 쇼팽, 베토벤, 브람스 프로그램으로
리사이틀 진행.
기존 음반과 연주 기록 정리 작업 및 재발매 준비 진행.

2024
모차르트 피아노 작품 전곡 2권 음반 발매 (도이치 그라모폰).
국내와 프랑스 및 유럽 주요 도시에서 모차르트 프로그램
리사이틀 진행.

2025
마카오 오케스트라와 협연 공연.
이무지치와 협연, 실내악 및 바로크·협주 프로그램 연주.
프랑스 파리 중심으로 정기 리사이틀 시리즈 진행.
젊은 연주자 대상 워크숍 및 멘토링 활동 지속.

백건우 음반 연보

Kun-Woo Paik Discography

1981

- 무소륵스키: 피아노곡 전곡 1, 2, 3권
  Mussorgsky: Complete Piano W rks Vols. 1–3
  LP Arabesque Recordings

1983

- 라벨: 피아노 협주곡 G, 왼손을 위한 협주곡
  (슈투트가르트 방송교향악단, 가리 베르티니 지휘)
  Ravel: Piano Concerto in G, Concerto for the Left Hand
  Stuttgart Radio Symphony Orchestra, Gary Bertini (cond.)
  Pro Arte Sinfonia

1991

- 라벨: 피아노곡 전곡
  Ravel: The Works for Solo Piano
  Dante (Diapason d'Or)
- 리스트: 피아노 작품집 및 프랑스 작곡가 피아노곡
  Liszt: Piano Works &French Piano Music (Poulenc, Debussy, Satie)
  Virgin (2CD)
- 풀랑크: 클라리넷과 피아노를 위한 소나타, 오보에·바순과 피아노를
  위한 3중주, 오보에와 피아노를 위한 소나타
  Poulenc: Sonatas for Clarinet & Piano, Trio for Oboe, Bassoon & Piano,
  Sonata for Oboe & Piano
  ADDA, CORNELIA

• 프로코피예프: 피아노 협주곡 전곡
  (폴란드 국립 방송 교향악단, 안토니 비트 지휘)
  Prokofiev: The Five Piano Concertos
  Polish National Radio Symphony Orchestra, Antoni Wit (cond.)
  Disque d'Or, Prix Nouvelle Académie du Disque, 2CD Naxos

1992
• 스크랴빈: 소나타 6, 9번 등
  Scriabin: Sonatas Nos. 6 &9 and Other Piano Works
  Dante
• 스크랴빈: 피아노 작품
  Scriabin: Piano Works
  Dante
• 라벨: 피아노곡 전곡
  Ravel: Complete Piano Works
  Dante
• 프로코피예프: 피아노 소나타 6, 7, 8번
  Prokofiev: Piano Sonatas Nos. 6, 7 & 8
  Dante (Diapason d'Or)
• 라흐마니노프: 피아노 소나타 1, 2번
  Rachmaninoff: Piano Sonatas Nos. 1 & 2
  Dante (Diapason d'Or)
• 라흐마니노프: 피아노 협주곡 4곡, 파가니니 주제에 의한 광시곡
  Rachmaninoff: The Four Piano Concertos & Rhapsody on a Theme of Paganini
  RCA

- 멘델스존: 무언가
  Mendelssohn: Songs Without Words
  Dante

1993

- 플로랑 슈미트: 2대의 피아노를 위한 3개의 광시곡, Op. 53
  Florent Schmitt: Three Rhapsodies for Two Pianos, Op. 53
  with Hüseyin Sermet
  Auvidis

1994

- 프로코피예프: 피아노 협주곡 전곡
  Prokofiev: Complete Piano Concertos
- 멘델스존: 무언가
  Mendelssohn: Songs Without Words
  Diapason d'Or, Dante

1996

- 스크랴빈: 피아노 작품
  Scriabin: Piano Works

1998

- 라흐마니노프: 피아노 및 관현악 작품 전곡
  Rachmaninoff: Complete Works for Piano and Orchestra

2000

- 리스트·드뷔시·풀랑크·사티: 피아노 작품집
  Liszt · Debussy · Poulenc · Satie: Piano Works
  EMI Music
- 바흐(부조니 편곡): 피아노 작품집
  J.S. Bach (Busoni transcriptions): Toccata BWV 564, 10 Chorale Preludes,
  Chaconne BWV 1004
  Decca

2001

- 앙리 한: 2대의 피아노를 위한 작품집
  Hahn: Works for Two Pianos with Hüseyin Sermet
  Naïve

2002

- 포레: 피아노 작품집
  Fauré: Piano Works
  Decca

2003

- 쇼팽: 피아노 및 관현악 작품 전곡
  (바르샤바 필하모닉 오케스트라, 안토니 비트 지휘)
  Chopin: Complete Works for Piano and Orchestra
  Warsaw Philharmonic Orchestra, Antoni Wit (cond.)
  Decca

2005

- 베토벤: 피아노 소나타 16–26번
  Beethoven: Piano Sonatas Nos. 16–26
  Decca

2006

- 베토벤: 피아노 소나타 1–15번
  Beethoven: Piano Sonatas Nos. 1–15
  Decca

2007

- 베토벤: 피아노 소나타 27–32번
  Beethoven: Piano Sonatas Nos. 27–32
  Decca

2008

- 베토벤: 피아노 소나타 전곡 (한국판)
  Beethoven: The Complete Piano Sonatas (Korea edition)

2010

- 브람스: 피아노 협주곡 1번, 변주곡집
  (체코 필하모닉 오케스트라, 엘리아후 인발 지휘)
  Brahms: Piano Concerto No. 1, Variations
  Czech Philharmonic Orchestra, Eliahu Inbal (cond.)
  Deutsche Grammophon

2012

- 브람스: 간주곡집
  Brahms: Intermezzi
  Deutsche Grammophon

2013

- 슈베르트: 즉흥곡집, 3개의 피아노곡집, 악흥의 순간
  Schubert: Impromptus, Drei Klavierstücke, Moments Musicaux

2015

- 스크랴빈: 피아노 작품 재발매
  Scriabin: Piano Works (Reissue)
- 라흐마니노프: 피아노 작품 재발매
  Rachmaninoff: Piano Works (Reissue)

2019

- 쇼팽: 녹턴 전곡
  Chopin: Nocturnes
  Deutsche Grammophon

2020

- 슈만: 피아노 작품
  Schumann: Piano Works
  Deutsche Grammophon

2022

- 그라나도스: 고예스카스
Granados: Goyescas
Deutsche Grammophon

2024

- 모차르트: 피아노 작품집 1, 2
Mozart: Piano Works I & II
Deutsche Grammophon

백건우, 베토벤의 침묵을 듣다

1판 1쇄 발행 2026년 2월 16일

지은이 김재철
발행인 함초롬
발행처 도서출판 열아홉
디자인 디자인PLP
종이 월드페이퍼
인쇄 상지사
주소 서울시 영등포구 여의도동 13-21 맨하탄21 501호
이메일 nineteenbooks19@gmail.com

ISBN 979-11-982845-0-1(03670)